Goethe hat dem Winter erstaunlich viel abgewinnen können. Als leidenschaftlicher Eisläufer begegnet er uns immer wieder, der Mond am Winterhimmel fesselt ihn im Norden wie im Süden, und er hat die riskante »Harzreise im Winter« als eine Art Orakel über seinen weiteren Weg unternommen. Der Wechsel zwischen dem Rückzug ins Haus und dem geselligen Austausch, zwischen dem Schnee und der endlich durchbrechenden Sonne gibt der dunklen Zeit einen besonderen Rhythmus. In kleinen Szenen und Erzählungen, in Gedichten, Tagebucheinträgen, Briefen und Gesprächen zeigt Goethe den Winter als eine ebenso faszinierende wie reichhaltige Jahreszeit.

Mathias Mayer ist Literaturwissenschaftler an der Universität Augsburg.

Johann Wolfgang Goethe, am 28. August 1749 in Frankfurt am Main geboren, starb am 22. März 1832 in Weimar. Er gilt als der sprachmächtigste Autor der deutschen Literatur. Zu seinen Hauptwerken zählen neben der Lyrik u. a. »Die Leiden des jungen Werthers«, »Iphigenie auf Tauris«, »Wilhelm Meisters Lehr- und Wanderjahre«, »Faust«, die »Farbenlehre« sowie die Autobiographie »Dichtung und Wahrheit«.

insel taschenbuch 4608
Johann Wolfgang Goethe
Winter

Die Macht des Winters

Leipzig, 31. Dezember 1765/2. Januar 1766
An Cornelia Goethe

Liebe Schwester!

Das Jahr recht fleißig zu beschließen, schreibe ich an dich.

Wir haben hier schröckliche Kälte schönen Schnee und gute Schlitten Bahn. Sage Herrn Agenten ich sey auf seine Gesundheit gestern eins ums thor geraßelt. Ich habe auch Dythyramben gemacht, ihr kriegt sie aber noch nicht zu sehen.

⟨Do.⟩ den 2 Jen 1766.

Es ist eine schröckliche Kälte hier, 13 Reaumürische Grade unter dem Eispunckte. also fast so tief als Ao. 40.

FA II.1, S. 34

Aus »Ephemerides«, Januar 1770

In der Hälfte des Januars erschien folgendes Phänomen. An der Gegend des Horizonts wo im Sommer die Sonne unterzugehen pflegt, war es ungewöhnlich helle, und zwar ein blaulig gelber Schein, wie in der reinsten Sommernacht von dem Ort wo die Sonne untergegangen ist heraufscheindt, dieses Licht nahm den vierten Theil des sichtbaaren Himmels hinaufzu ein, darüber erschienen Rubinrothe Streifen, die sich |:zwar etwas ungleich:| nach dem Lichten Gelb zuzogen. Diese Streifen waren sehr abwechselnd und kammen biss in den Zenith. Man sah die Sterne durchfunckeln. Auf beyden Seiten von Abend und Norden war es von dunckeln Wolcken eingefasst, davon auch einige in dem gelben Scheine schwebten. Überhaupt war der Himmel rings umzogen. Die Röthe war so starck dass sie die Häusser und den Schnee färbte und dauerte ohngefähr eine Stunde von sechs bis 7. Abends. Bald überzog sich der Himmel, und es fiel ein starcker Schnee.

FA II.1, S. 190f.

Rastlose Liebe

Dem Schnee, dem Regen,
Dem Wind entgegen,
Im Dampf der Klüfte,
Durch Nebeldüfte,
Immer zu! Immer zu!
Ohne Rast und Ruh!

Lieber durch Leiden
Möcht' ich mich schlagen,
Als so viel Freuden
Des Lebens ertragen.
Alle das Neigen
Von Herzen zu Herzen,
Ach wie so eigen
Schaffet das Schmerzen!

Wie soll ich fliehen?
Wälderwärts ziehen?
Alles vergebens!
Krone des Lebens,

Glück ohne Ruh,
Liebe, bist du!

FA I.1, S. 298f.

Vier Jahrszeiten

Winter

85
Wasser ist Körper und Boden der Fluß. Das neuste Theater
Tut, in der Sonne Glanz, zwischen den Ufern sich auf.

86
Wahrlich, es scheint nur ein Traum! Bedeutende Bilder des
Lebens
Schweben, lieblich und ernst, über die Fläche dahin.

87
Eingefroren sahen wir so Jahrhunderte starren,
Menschengefühl und Vernunft schlich nur verborgen am
Grund.

88
Nur die Fläche bestimmt die kreisenden Bahnen des Lebens;
Ist sie glatt, so vergißt Jeder die nahe Gefahr.

89
Alle streben und eilen und suchen und fliehen einander;
Aber Alle beschränkt freundlich die glättere Bahn.

90

Durch einander gleiten sie her, die Schüler und Meister,
Und das gewöhnliche Volk, das in der Mitte sich hält.

91

Jeder zeigt hier, was er vermag; nicht Lob und nicht Tadel
Hielte Diesen zurück, förderte Jenen zum Ziel.

92

Euch, Präconen des Pfuschers, des Meisters Verkleinerer,
wünscht' ich,
Mit ohnmächtiger Wut, stumm hier am Ufer zu sehn.

93

Lehrling, du schwankest und zauderst, und scheuest die
glättere Fläche.
Nur gelassen! du wirst einst noch die Freude der Bahn.

94

Willst du schon zierlich erscheinen? und bist nicht sicher.
Vergebens!
Nur aus vollendeter Kraft blicket die Anmut hervor.

95

Fallen ist der Sterblichen Los. So fällt hier der Schüler,
Wie der Meister; doch stürzt dieser gefährlicher hin.

96

Stürzt der rüstigste Läufer der Bahn, so lacht man am Ufer;
Wie man bei Bier und Tabak über Besiegte sich hebt.

97

Gleite fröhlich dahin, gib Rat dem werdenden Schüler,
Freue des Meisters dich, und so genieße des Tags.

98

Siehe, schon nahet der Frühling; das strömende Wasser
verzehret
Unten, der sanftere Blick oben der Sonne, das Eis.

99

Dieses Geschlecht ist hinweg, zerstreut die bunte Gesellschaft;
Schiffern und Fischern gehört wieder die wallende Flut.

100

Schwimme, du mächtige Scholle, nur hin! und kommst du als
Scholle
Nicht hinunter, du kommst doch wohl als Tropfen ins Meer.

FA I.2, S. 247-249

Zigeunerlied

Im Nebelgeriesel, im tiefen Schnee,
Im wilden Wald, in der Winternacht,
Ich hörte der Wölfe Hungergeheul,
Ich hörte der Eulen Geschrei:
Wille wau wau wau!
Wille wo wo wo!
Wito hu!

Ich schoß einmal eine Katz' am Zaun,
Der Anne, der Hex', ihre schwarze liebe Katz';
Da kamen des Nachts sieben Wehrwölf zu mir,
Waren sieben sieben Weiber vom Dorf.
   Wille wau wau wau!
   Wille wo wo wo!
   Wito hu!

Ich kannte sie all', ich kannte sie wohl
Die Anne, die Ursel, die Käth',
Die Liese, die Barbe, die Ev', die Beth;
Sie heulten im Kreise mich an.
   Wille wau wau wau!
   Wille wo wo wo!
   Wito hu!

Da nannt' ich sie alle bei Namen laut:
Was willst Du, Anne? was willst Du, Beth?
Da rüttelten sie sich, da schüttelten sie sich
Und liefen und heulten davon.
   Wille wau wau wau
   Wille wo wo wo!
   Wito hu!

FA I.2, S. 102

Jena, 19. Dezember 1803
An Charlotte von Schiller

Am liebsten wäre mirs wir hielten uns in so kleiner Gesellschaft; haben Sie aber sonst noch irgend einen Gedanken, wen ich einladen könnte, so teilen Sie mir ihn inzwischen mit. Wir können uns Glück wünschen, daß diese winternächtliche Kranken- und Totenbilder durch eine so geistreiche Natur einigermaßen verscheucht und der Glaube ans Leben wieder gestärkt wird.

FA II.5, S. 426

Weimar, 31. März 1809
An August Goethe

Hab' ich dir schon geschrieben, daß der große Sturm am 30. Januar den großen Wachholderbaum im untern Garten umgeworfen hat? Ich habe ihn zeichnen und messen lassen. Er war 43 Fuß hoch. Der Hauptstamm, 12 Fuß von der Erde, war innwendig vertrocknet und morsch ja wurmstichig, die Äste aber gesund. Diese letztern habe ich aufheben lassen. Daraus kannst du dir einmal einige Tischerarbeit bestellen. Blumenbachen will ich eine Dose aus dem Gipfel drehen lassen. Lebe nun wohl und grüße deine Gönner und Freunde zum schönsten.

WA IV.20, S. 309f.

Aus »Tag- und Jahres-Hefte« 1809

Von Naturereignissen erwähne ich des gewaltsamen Sturms in der Nacht vom 29^n auf den 30. Januar, welcher weit und breit wüthete und auch mir einen empfindlichen Schaden brachte, indem er einen alten ehrwürdigen Wachholderbaum in meinem Garten am Sterne niederwarf und so einen treuen Zeugen glücklicher Tage von meiner Seite riß. Dieser Baum, der einzige in der ganzen Gegend, wo der Wachholder fast nur als Gesträppe vorkommt, hatte sich wahrscheinlich aus jenen Zeiten erhalten wo hier noch keine Gartenkultur gewesen. Es hatten sich allerley Fabeln von ihm verbreitet: ein ehemaliger Besitzer, ein Schulmann, sollte darunter begraben seyn, zwischen ihm und dem alten Hause in dessen Nähe er stand, wollte man gespensterhafte Mädchen, die den Platz reine kehrten gesehen haben; genug er gehörte zu dem abenteuerlichen Complex jenes Aufenthalts, in welchem so manche Jahre meines Lebens hingefloßen und der mir und andern durch Neigung und Gewohnheit, durch Dichtung und Wahn so herzlich lieb geworden.

FA I.17, S. 232f.

Johanna Sebus

Zum Andenken
der Siebzehnjährigen Schönen Guten
aus dem Dorfe Brienen
die am 13. Januar 1809
bei dem Eisgange des Rheins und dem großen Bruche

des Dammes von Cleverham
Hülfe reichend unterging.

Der Damm zerreißt, das Feld erbraust,
Die Fluten spülen, die Fläche saust.
»Ich trage dich, Mutter, durch die Flut,
Noch reicht sie nicht hoch, ich wate gut.« –
»Auch uns bedenke, bedrängt wie wir sind,
Die Hausgenossin, drei arme Kind!
Die schwache Frau! ... Du gehst davon!« –
Sie trägt die Mutter durch's Wasser schon.
»Zum Bühle da rettet Euch! harret derweil;
Gleich kehr' ich zurück, uns allen ist Heil.
Zum Bühl ist's noch trocken und wenige Schritt;
Doch nehmt auch mir meine Ziege mit!«

Der Damm zerschmilzt, das Feld erbraust,
Die Fluten wühlen, die Fläche saust.
Sie setzt die Mutter auf sichres Land
Schön Suschen, gleich wieder zur Flut gewandt.
»Wohin? Wohin? Die Breite schwoll;
Des Wassers ist hüben und drüben voll.
Verwegen in's Tiefe willst du hinein!« –
»Sie sollen und müssen gerettet sein!«

Der Damm verschwindet, die Welle braust,
Eine Meereswoge, sie schwankt und saust.
Schön Suschen schreitet gewohnten Steg,
Umströmt auch gleitet sie nicht vom Weg,
Erreicht den Bühl und die Nachbarin;
Doch der und den Kindern kein Gewinn!

Der Damm verschwand, ein Meer erbraust's,
Den kleinen Hügel im Kreis umsaust's.
Da gähnet und wirbelt der schäumende Schlund
Und ziehet die Frau mit den Kindern zu Grund;
Das Horn der Ziege faßt das Ein',
So sollten sie alle verloren sein!
Schön Suschen steht noch strack und gut:
Wer rettet das junge, das edelste Blut!
Schön Suschen steht noch wie ein Stern;
Doch alle Werber sind alle fern.
Rings um sie her ist Wasserbahn,
Kein Schifflein schwimmet zu ihr heran.
Noch einmal blickt sie zum Himmel hinauf,
Da nehmen die schmeichelnden Fluten sie auf.

Kein Damm, kein Feld! Nur hier und dort
Bezeichnet ein Baum, ein Turn den Ort.
Bedeckt ist Alles mit Wasserschwall;
Doch Suschens Bild schwebt überall. –
Das Wasser sinkt, das Land erscheint
Und überall wird schön Suschen beweint. –
Und dem sei, wer's nicht singt und sagt,
Im Leben und Tod nicht nachgefragt!

FA I.2, S. 271f.

Bauernregeln aus »Sanct Rochus-Fest«

– Je näher das Christfest dem neuen Monde zufällt, ein desto härteres Jahr soll hernach folgen, so es aber gegen den vollen und abnehmenden Mond kommt, je gelinder es sein soll. – Die Fischer haben von der Hechtsleber dieses Merkmal, welches genau eintreffen soll: wenn dieselbe gegen dem Gallenbläschen zu breit, der vordere Teil aber spitzig und schmal ist, so bedeutet es einen langen und harten Winter. – Wenn die Milchstraße im Dezember schön weiß und hell scheint; so bedeutet es ein gutes Jahr. – Wenn die Zeit von Weihnachten bis drei König neblicht und dunkel ist; sollen das Jahr darauf Krankheiten folgen. – Wenn in der Christnacht die Weine in den Fässern sich bewegen, daß sie übergehen; so hofft man auf ein gutes Weinjahr. –

FA I.16, S. 364f.

Weimar, 12. Januar 1830
An Carl Friedrich Zelter

Die allgemeine Schneelast ruht auch auf uns. Ich komme kaum aus meiner Stube und sehe den Garten wie mit einem großen Teppich überdeckt, weder Beete noch Rabatten sichtbar, kaum die Wege zu unterscheiden. Die Streifen Buchsbaum erscheinen kaum als geringe Wülstchen und zu allem diesem sind die atmosphärischen Erscheinungen aus aller Regel getreten. Barometer- und Thermometerstand, Windfahne und Wolkenzüge, nichts trifft mehr zusammen. Die Fuhrleute bleiben unterwegs liegen, die Eilposten werden ausgeschaufelt, und so wird es denn vollkommen bey Euch dasselbe seyn. Glücklicherweise stört es mich nicht in meinem Thun und Betreiben, wovon dir denn doch zuletzt wohl einiges Vergnügliche zugehen wird.

WA IV.46, S. 209f.

Harzreise im Winter

Dezember 1777, Tagebuch

3.) Nach Wernigerode mit P. spaziren auf die Berge pp.

4. Uber Ilsenburg auf Goslar bey Schefflern eingekehrt ingrimmig Wetter.

5. früh in Rammelsberg den ganzen Berg bis ins tiefste befahren

6. Nach den Hütten an der Oker. Gesehn die Messing Arbeit und das Hüttenwerck, zurück. Gessen Spaziren vergeblich gezeichnet. zu Zehent Gegenschreiber, geschwäzzt, zurück.

d. 7 Heimweh. Nach Clausthal. Seltsame Empfindung aus der Reichsstadt die in und mit ihren Privilegien vermodert, hierherauf zu kommen wo von unterirrdschem Seegen die Bergstädte fröhlig nach wachsen. Geburtstag meiner abgeschiednen Schwester.

d. 8 früh eingefahren in der Caroline Dorothee und Benedickte. Schlug ein Stück Fels den Geschwornen vor mir nieder ohne Schaden weil sichs auf ihm erst in Stücke brach. Nachmittag durchgelogen. Spaziren und Spas mit den Fremden.

d. 9 früh auf die Hütten. Nach Tische bey Apothecker Ilsemann sein Cabinet sehn. Abends nach Altenau unendlich geschlafen.

d. 10. früh nach dem Torfhause in tiefem Schnee. 1 viertel nach 10 aufgebrochen von da auf den Brocken. Schnee eine Elle tief, der aber trug. 1 viertel nach eins droben. heitrer herrlicher Augenblick, die ganze Welt in Wolcken und Nebel und oben alles heiter. Was ist der Mensch dass du sein gedenckst. Um viere wieder zurück. Beym Förster auf dem Torfhause in Herberge.

FA II.2, S. 121

Harzreise im Winter

Dem Geier gleich,
Der auf schweren Morgenwolken
Mit sanftem Fittich ruhend
Nach Beute schaut,
Schwebe mein Lied.

Denn ein Gott hat
Jedem seine Bahn
Vorgezeichnet,
Die der Glückliche
Rasch zum freudigen
Ziele rennt:
Wem aber Unglück
Das Herz zusammenzog,
Er sträubt vergebens
Sich gegen die Schranken
Des ehernen Fadens,
Den die doch bittre Schere
Nur Einmal lös't.

In Dickichts-Schauer
Drängt sich das rauhe Wild,
Und mit den Sperlingen
Haben längst die Reichen
In ihre Sümpfe sich gesenkt.

Leicht ist's folgen dem Wagen,
Den Fortuna führt,
Wie der gemächliche Troß
Auf gebesserten Wegen
Hinter des Fürsten Einzug.

Aber abseits wer ist's?
In's Gebüsch verliert sich sein Pfad,
Hinter ihm schlagen
Die Sträuche zusammen,
Das Gras steht wieder auf,
Die Öde verschlingt ihn.

Ach wer heilet die Schmerzen
Des, dem Balsam zu Gift ward?
Der sich Menschenhaß
Aus der Fülle der Liebe trank!
Erst verachtet, nun ein Verächter,
Zehrt er heimlich auf
Seinen eignen Wert
In ung'nügender Selbstsucht.

Ist auf deinem Psalter,
Vater der Liebe, ein Ton
Seinem Ohre vernehmlich,
So erquicke sein Herz!
Öffne den umwölkten Blick
Über die tausend Quellen
Neben dem Durstenden
In der Wüste.

Der du der Freuden viel schaffst,
Jedem ein überfließend Maß,
Segne die Brüder der Jagd
Auf der Fährte des Wilds,
Mit jugendlichem Übermut
Fröhlicher Mordsucht,
Späte Rächer des Unbilds,

Dem schon Jahre vergeblich
Wehrt mit Knütteln der Bauer.

Aber den Einsamen hüll'
In deine Goldwolken,
Umgib mit Wintergrün,
Bis die Rose wieder heranreift,
Die feuchten Haare,
O Liebe, deines Dichters!

Mit der dämmernden Fackel
Leuchtest du ihm
Durch die Furten bei Nacht,
Über grundlose Wege
Auf öden Gefilden;
Mit dem tausendfarbigen Morgen
Lachst du in's Herz ihm;
Mit dem beizenden Sturm
Trägst du ihn hoch empor;
Winterströme stürzen vom Felsen
In seine Psalmen,
Und Altar des lieblichsten Danks
Wird ihm des gefürchteten Gipfels
Schneebehangner Scheitel,
Den mit Geisterreihen
Kränzten ahndende Völker.

Du stehst mit unerforschtem Busen
Geheimnisvoll offenbar
Über der erstaunten Welt,
Und schaust aus Wolken
Auf ihre Reiche und Herrlichkeit,

Die du aus den Adern deiner Brüder
Neben dir wässerst.

FA I.1, S. 322-324

Weimar, 5. August 1778
An Johann Heinrich Merck

Von meinen Reisen muß ich Dir auch was sagen. Letzten Winter hat mir eine *Reise auf den Harz* das reinste Vergnügen geben. Du weißt, daß so sehr ich hasse, wenn man das Natürliche abenteuerlich machen will, so wohl ist mir's, wenn das Abenteuerlichste natürlich zugeht. Ich machte mich allein auf, etwa den letzten November, zu Pferde, mit einem Mantelsack und ritt durch Schloßen, Frost und Koth auf *Nordhausen* den Harz hinein in die *Baumannshöhle,* über *Wernigerode, Goslar* auf den hohen Harz, das Detail erzähl' ich Dir einmal, und überwand alle Schwierigkeiten und stand den 8. Dez., glaub ich, Mittags um eins auf dem *Brocken* oben in der heitersten, brennendsten Sonne, über dem anderthalb Ellen hohen Schnee, und sah die Gegend von Teutschland unter mir alles von Wolken bedeckt, daß der Förster, den ich mit Mühe persuadirt hatte, mich zu führen, selbst vor Verwunderung außer sich kam, sich da zu sehen, da er viel Jahre am Fuße wohnend das immer unmöglich geglaubt hatte. Da war ich vierzehn Tage allein, daß kein Mensch wußte, wo ich war. Von den tausend Gedanken in der Einsamkeit findest Du auf beiliegendem Blatt fliegende Streifen.

FA II.2, S. 139

Ueber Goethe's Harzreise im Winter

Einladungsschrift von Dr. Kannegiesser,
Rector des Gymnasiums zu Prenzlau.
December 1820

Dieses kleine Heft, vom Verfasser freundlich zugesandt, gab mir die angenehme Veranlassung die sonderbaren Bilder früherer Jahre aus den letheischen Fluthen wieder hervorzurufen; wobey ich zu bewundern hatte, daß mein sinniger Ausleger, dem die wunderlichen Besonderheiten jenes Winterzuges keineswegs bekannt seyn konnten, dennoch, durch wenige Andeutungen geleitet, die Eigenheiten des Verhältnisses, die Wesenheit des Zustandes und den Sinn des obwaltenden Gefühls durchdringlich erkannt und ausgesprochen.

Nachdem ich mir nun jene für mich sehr bedeutenden Tage wieder zurückgerufen, so kann ich nicht unterlassen einiges zu erwiedern und wie es bey mir aufgeregt worden niederzuschreiben.

———

Schon früher hatte ich die Ehre erlebt, daß geistreich nachspürende Männer meine Gedichte zu entwickeln sich bestrebten, ich nenne Moritz und Dellbrück, welche beyde in das Angedeutete, Verschwiegene, Geheimnißvolle dergestalt eindrangen, daß sie mich selbst in Verwunderung setzten; wie ich denn von Letztgenanntem nur anführen will, daß er in den Gedichten an Lida größere Zartheit als in allen übrigen ausgespürt.

Gleiches Wohlwollen erzeigt mir nun Herr Dr. Kannegießer, wofür ich ihm einen öffentlich ausgesprochenen Dank vertraulich erwiedere und, nach seinem Wunsch, über das genannte Gedicht auch meinerseits einige Aufklärung versuche.

Was von meinen Arbeiten durchaus, und so auch von den kleineren Gedichten gilt, ist, daß sie alle, durch mehr oder minder bedeutende Gelegenheit aufgeregt, im unmittelbaren Anschauen irgend eines Gegenstandes verfaßt worden, deßhalb sie sich nicht gleichen, darin jedoch übereinkommen, daß bey besondern äußeren, oft gewöhnlichen Umständen, ein Allgemeines, Inneres, Höheres dem Dichter vorschwebte.

Weil nun aber demjenigen der eine Erklärung meiner Gedichte unternimmt jene eigentlichen, im Gedicht nur angedeuteten, Anlässe nicht bekannt seyn können, so wird er den innern, höhern, faßlichern Sinn vorwalten lassen; ich habe auch hiezu, um die Poesie nicht zur Prose herabzuziehen, wenn mir dergleichen zur Kenntniß gekommen, gewöhnlich geschwiegen.

Das Gedicht aber welches der gegenwärtige Erklärer gewählt, *die Harzreise,* ist sehr schwer zu entwickeln, weil es sich auf die allerbesondersten Umstände bezieht; und doch hat er sehr viel geleistet, indem er das Angedeutete genugsam herausahndete, wodurch ich mich stellenweise in Verwunderung gesetzt und bewogen fühle folgendes zu näherer Aufklärung zu eröffnen.

In meinen biographischen Versuchen würde jene Epoche eine bedeutende Stelle einnehmen. Die Reise ward Ende Novembers 1776 gewagt. Ganz allein, zu Pferde, im drohenden Schnee, unternahm der Dichter ein Abenteuer, das man bizarr nennen könnte, von welchem jedoch die Motive im Gedicht selbst leise angedeutet sind.

Dem Geier gleich,
Der auf schweren Morgenwolken
Mit sanftem Fittig ruhend
Nach Beute schaut,
Schwebe mein Lied.

Der Reisende verläßt am frühsten Wintermorgen seinen, im Augenblick behaglich-gastfreundlichen, thüringischen Wohnsitz, wo ihn später eine zweyte Vaterstadt beglückte, er reitet nordwärts bergauf; ein schwerer, schneedrohender Himmel wälzt sich ihm entgegen.

> Denn ein Gott hat
> Jedem seine Bahn
> Vorgezeichnet,
> Die der Glückliche
> Rasch zum freudigen
> Ziele rennt:

Begonnene Ausführung eines bedenklichen und beschwerlichen Unternehmens stählt den Muth und erheitert den Geist. Der Dichter gedenkt seines bisherigen Lebensganges, den er glücklich nennen, dem er den schönsten Erfolg versprechen darf.

> Wem aber Unglück
> Das Herz zusammenzog,
> Er sträubt vergebens
> Sich gegen die Schranken
> Des ehernen Fadens,
> Den die doch bittre Schere
> Nur einmal löst.

Aber sogleich gedenkt er eines Unglücklichen, Mißmuthigen, um dessentwillen er eigentlich die Fahrt unternommen.

Als der Dichter den Werther geschrieben, um sich wenigstens persönlich von der damals herrschenden Empfindsamkeits-Krankheit zu befreyen, mußte er die große Unbequemlichkeit erleben, daß man ihn gerade diesen Gesinnungen günstig hielt. Er mußte manchen schriftlichen Andrang erdulden, worunter ihm besonders ein junger Mann auffiel, welcher schreibselig-beredt und dabey so ernstlich durchdrungen von Mißbehagen und selbstischer Qual sich zeigte, daß es unmöglich war nur irgend eine Persönlichkeit zu denken, wozu diese Seel-Enthüllungen passen möchten. Alle seine wiederholten zudringlichen Aeußerungen waren anziehend und abstoßend zugleich, daß endlich, bey einer immer aufgeforderten und wieder gedämpften Theilnahme, die Neugier rege ward, welchen Körper sich ein so wunderlicher Geist gebildet habe? Ich wollte den Jüngling sehen, aber unerkannt, und deßhalb hatte ich mich eigentlich auf den Weg begeben.

   In Dickichtschauer
    Drängt sich das rauhe Wild,

  Der Reisende gelangt auf die nächsten Bergeshöhen; immer winterhafter zeigt sich die Landschaft, einsam und öde starrt alles umher, nur flüchtiges Wild deutet auf kümmerlichen Zustand. Nun blickt er über gefrorne Teiche, Seen, auch eine Stadt kommt ihm zu Gesicht.

    Und mit den Sperlingen
    Haben längst die Reichen
    In ihre Sümpfe sich gesenkt.

  Wer seine Bequemlichkeiten aufopfert, verachtet gern diejenigen die sich darin behagen. Jäger, Soldaten, mühsam Reisende bedürfen gutes Muthes, der sich leicht zu Uebermuth steigert. Unser Reisender hat alle Bequemlichkeiten zurückgelassen und verachtet die Städter, deren Zustand er gleichnißweise schmählich herabsetzt.

  Wahrscheinlich ist ein wundersamer Druckfehler daher entstanden, daß Setzer oder Corrector die *Reichen*, die ihm keinen Sinn zu geben schienen, in *Reiher* verwandelte, welche doch auf einiges Verhältniß zu den Rohrsperlingen hindeuten möchten. In der vorletzten Ausgabe stehen jene, diese in der letzten.

    Leicht ist's folgen dem Wagen
    Den Fortuna führt,

Wie der gemächliche Troß
Auf gebesserten Wegen
Hinter des Fürsten Einzug.

Der Dichter kehrt wieder zu seiner eigenen günstigen Lebensepoche zurück, ohne sich irgend ein Verdienst anzumaßen, ja er spricht von den augenblicklichen Glücksvortheilen beynahe mit Geringschätzung.

Aber abseits, wer ist's?
In's Gebüsch verliert sich sein Pfad,
Hinter ihm schlagen
Die Sträuche zusammen,
Das Gras steht wieder auf,
Die Oede verschlingt ihn.

Das Bild des einsamen, menschen- und lebensfeindlichen Jünglings kommt ihm wieder in den Sinn, er malt sich's aus.

Aber wer heilet die Schmerzen
Deß, dem Balsam zu Gift ward?
Der sich Menschenhaß
Aus der Fülle der Liebe trank!
Erst verachtet, nun ein Verächter,
Zehrt er heimlich auf
Seinen eignen Werth
In ungnügender Selbstsucht.

Er fährt fort ihn zu beklagen.

Ist auf deinem Psalter,
Vater der Liebe, ein Ton
Seinem Ohr vernehmlich,
So erquicke sein Herz!
Oeffne den umwölkten Blick
Ueber die tausend Quellen
Neben dem Durstenden
In der Wüste.

Seine herzliche Theilnahme ergießt sich im Gebet. Die Auslegung dieser Strophen ist meinem freundlichen Commentator besonders gelungen; er hat das Herzliche derselben innigst gefühlt und entwickelt.

> Der du der Freuden viel schaffst
> Jedem ein überfließend Maß,
> Segne die Brüder der Jagd
> Auf der Fährte des Wildes
> Mit jugendlichem Uebermuth
> Fröhlicher Mordsucht,
> Späte Rächer des Unbilds,
> Dem schon Jahre vergeblich
> Wehrt mit Knitteln der Bauer.

Der Dichter wendet seine Gedanken zu Leben und That hin, erinnert sich seiner engverbundenen Freunde, welche gerade in dieser Jahrszeit und Witterung eine bedeutende Jagd unternehmen, um das in gewisser Gegend sich mehrende Schwarz-Wildpret zu bekämpfen. Eben diese Lustpartie war es, welche jene vertraute Gesellschaft aus der Stadt zog, dem Dichter Raum und Gelegenheit zu seiner Wanderung darbietend. Er trennte sich, mit dem Versprechen bald wieder unter ihnen zu seyn.

> Aber den Einsamen hüll'
> In deine Goldwolken,
> Umgieb mit Wintergrün,
> Bis die Rose heranreift,
> Die feuchten Haare,
> O Liebe, deines Dichters.

Nun aber kehrt er zu sich selbst zurück, betrachtet seinen bedenklichen Zustand und ruft der Liebe ihm zur Seite zu bleiben.

Hier ist der Ort zu bemerken, daß man sich bey Auslegung

von Dichtern immer zwischen dem Wirklichen und Ideellen zu halten habe. In der siebenten Strophe heißt *Liebe* das unbefriedigte, dem Menschen zwar inwohnende, aber von außen zurückgewiesene Bedürfniß; in der achten Strophe ist unter Vater der Liebe das Wesen gemeint, welchem alle übrigen die wechselseitige Neigung zu danken haben; hier in der zehnten ist unter Liebe das edelste Bedürfniß geistiger, vielleicht auch körperlicher Vereinigung gedacht, welches die Einzelnen in Bewegung setzt und, auf die schönste Weise, in Freundschaft, Gattentreue, Kinderpietät und außerdem noch auf hundert zarte Weisen befriedigt und lebendig erhält.

> Mit der dämmernden Fackel
> Leuchtest du ihm
> Durch die Furten bey Nacht,
> Ueber grundlose Wege
> Auf öden Gefilden;
> Mit dem tausendfarbigen Morgen
> Lachst du in's Herz ihm;
> Mit dem beitzenden Sturm
> Trägst du ihn hoch empor;
> Winterströme stürzen vom Felsen
> In seine Psalmen,

Er schildert einzelne Beschwerlichkeiten des Augenblicks, die ihn peinlich anfechten, aber in Gedanken an die entfernten Geliebten frohmüthig überstanden werden.

> Und Altar des lieblichsten Danks
> Wird ihm des gefürchteten Gipfels
> Schneebehangner Scheitel,
> Den mit Geisterreigen
> Kränzten ahnende Völker.

Ein wichtiger, völlig ideell, ja phantastisch erscheinender Punct, über dessen Realität der Dichter schon manchen Zweifel erleben mußte, wovon aber ein sehr erfreuliches Document noch in seinen Händen ist.

Ich stand wirklich am siebenten December in der Mittagsstunde, gränzenlosen Schnee überschauend, auf dem Gipfel des Brockens, zwischen jenen ahnungsvollen Granitklippen, über mir den vollkommen klarsten Himmel, von welchem herab die Sonne gewaltsam brannte, so daß in der Wolle des Ueberrocks der bekannte branstige Geruch erregt ward. Unter mir sah ich ein unbewegliches Wogenmeer nach allen Seiten die Gegend überdecken und nur durch höhere und tiefere Lage der Wolkenschichten die darunter befindlichen Berge und Thäler andeuten.

Die herrliche Erscheinung farbiger Schatten, bey untergehender Sonne, ist in meinem Entwurf der Farbenlehre im 75. §. umständlich beschrieben.

> Du stehst mit unerforschtem Busen
> Geheimnißvoll offenbar
> Ueber der erstaunten Welt,
> Und schaust aus Wolken
> Auf ihre Reiche und Herrlichkeit,
> Die du aus den Adern deiner Brüder
> Neben dir wässerst.

Hier ist leise auf den Bergbau gedeutet. Der unerforschte Busen des Hauptgipfels wird den Adern seiner Brüder entgegengesetzt. Die Metalladern sind gemeint, aus welchen die Reiche der Welt und ihre Herrlichkeit gewässert werden.

Eine vorläufige Anschauung dieser wichtigen Geschäfts-Thätigkeit sich zu verschaffen, welches ihm auch gelang, veranlaßte zum Theil das seltsame Unternehmen, wovon das gegenwärtige Gedicht allerdings mysteriose, schwer zu deutende Spuren enthält.

————

Das Thema desselben wäre also wohl folgendermaßen auszusprechen: der Dichter, in doppelter Absicht ein unmittelbares Anschauen des Bergbaues zu gewinnen und einen jungen, äußerst hypochondrischen Selbstquäler zu besuchen und aufzurichten, bedient sich der Gelegenheit, daß engverbundene Freunde zur Winterjagdlust ausziehen, um sich von ihnen auf kurze Zeit zu trennen.

So wie sie die rauhe Witterung nicht achten unternimmt er nach seiner Seite hin jenen einsamen wunderlichen Ritt. Es glückt ihm nicht nur seine Wünsche erfüllt zu sehen, sondern auch durch eine ganz eigene Reihe von Anlässen, Wanderungen und Zufälligkeiten auf den beschneiten Brockengipfel zu gelangen. Von dem was ihm während dieser Zeit durch den Sinn gezogen schreibt er zuletzt kurz, fragmentarisch, geheimnißvoll, im Sinn und Ton des ganzen Unternehmens, kaum geregelte rhythmische Zeilen.

Durch einen ziemlichen Umweg schließt er sich wieder an die Brüder der Jagd, theilt ihre tag-täglichen heroischen Freuden, um Nachts, in Gegenwart einer prasselnden Kaminflamme, sie durch Erzählung seiner wunderlichen Abenteuer zu ergötzen und zu rühren.

———

Mein werther Commentator wird hieraus mit eignem Vergnügen ersehen, wie er so vollkommen zum Verständniß des Gedichtes gelangt sey, als es ohne die Kenntniß der besonders vorwaltenden Umstände möglich gewesen; er findet mich an keiner Stelle mit ihm in Widerstreit, und wenn das Reelle hie und da das Ideelle einigermaßen zu beschränken scheint, so wird doch dieses wieder erfreulich gehoben und ins rechte Licht gestellt, weil es auf einer wirklichen, doch würdigen Base emporgehoben worden. Giebt man nun aber dem Erklärer zu, daß er nicht gerade beschränkt seyn soll alles was er vorträgt *aus* dem Gedicht zu entwickeln, sondern daß er uns Freude macht, wenn er manches verwandte Gute und Schöne *an* dem Gedicht entwickelt, so darf man diese kleine, gehaltreiche Arbeit durchaus billigen und mit Dank erkennen.

FA I.21, S. 131-139

Aus der »Farbenlehre«
(Didaktischer Teil)

Auf einer Harzreise im Winter stieg ich gegen Abend vom Brocken herunter, die weiten Flächen auf- und abwärts waren beschneit, die Heide von Schnee bedeckt, alle zerstreut stehenden Bäume und vorragenden Klippen, auch alle Baum- und Felsenmassen völlig bereift, die Sonne senkte sich eben gegen die Oderteiche hinunter.

Waren den Tag über, bei dem gelblichen Ton des Schnees, schon leise violette Schatten bemerklich gewesen, so mußte man sie nun für hochblau ansprechen, als ein gesteigertes Gelb von den beleuchteten Teilen widerschien.

Als aber die Sonne sich endlich ihrem Niedergang näherte, und ihr durch die stärkeren Dünste höchst gemäßigter Strahl die ganze mich umgebende Welt mit der schönsten Purpurfarbe überzog, da verwandelte sich die Schattenfarbe in ein Grün, das nach seiner Klarheit einem Meergrün, nach seiner Schönheit einem Smaragdgrün verglichen werden konnte. Die Erscheinung ward immer lebhafter, man glaubte sich in einer Feenwelt zu befinden, denn alles hatte sich in die zwei lebhaften und so schön übereinstimmenden Farben gekleidet, bis endlich mit dem Sonnenuntergang die Prachterscheinung sich in eine graue Dämmerung, und nach und nach in eine mond- und sternhelle Nacht verlor.

FA I.23, S. 54f.

Der Winter in Italien

Aus »Italienische Reise«
Rom, 13. Dezember 1786

Den Kindern mögt ihr folgendes lesen oder erzählen: Man merkt den Winter nicht, die Gärten sind mit immergrünen Bäumen bepflanzt, die Sonne scheint hell und warm, Schnee sieht man nur auf den entferntesten Bergen gegen Norden. Die Zitronenbäume, die in den Gärten an den Wänden gepflanzt sind, werden nun nach und nach mit Decken von Rohr überdeckt, die Pomeranzenbäume aber bleiben frei stehen. Es hängen viele Hunderte der schönsten Früchte an so einem Baum, der nicht wie bei uns beschnitten und in einen Kübel gepflanzt ist, sondern in der Erde frei und froh, in einer Reihe mit seinen Brüdern steht. Man kann sich nichts lustigers denken als einen solchen Anblick. Für ein geringes Trinkgeld ißt man deren so viel man will. Sie sind schon jetzt recht gut, im März werden sie noch besser sein.

FA I.15,1, S. 160

Aus »Italienische Reise«
Rom, 16. Februar 1787

Das Wetter ist ganz herrlich, die Tage nehmen merklich zu, Lorbeeren und Buchsbäume blühen, auch die Mandelbäume. Heute früh überraschte mich ein wundersamer Anblick, ich sah von Ferne hohe stangenähnliche Bäume, über und über von dem schönsten Violet bekleidet. Bei näherer Untersuchung war es der Baum in unsern Treibhäusern unter dem Namen Judenbaum bekannt, dem Botaniker als cercis siliquastrum. Seine violetten Schmetterlingsblumen bringt er unmittelbar aus dem Stamme hervor. Abgeholzt den letzten Winter waren die Stangen die ich vor mir sah, aus deren Rinde die wohlgebildete und gefärbte Blume zu Tausenden hervorbrach. Die Maßlieben dringen wie Ameisen aus dem Boden, Krokus und Adonis erscheinen seltner, aber desto zierlicher und zierender.

FA I.15,1, S. 182

Aus »Italienische Reise«
Neapel, 9. März 1787

Das Wetter hat sich verdunkelt, es ist im Wechseln, das Frühjahr tritt ein und wir werden Regentage haben. Noch ist der Gipfel des Vesuvs nicht heiter geworden seit ich droben war. Diese letzten Nächte sah man ihn manchmal flammen, jetzt hält er wieder inne, man erwartet stärkeren Ausbruch.

Die Stürme dieser Tage haben uns ein herrliches Meer gezeigt, da ließen sich die Wellen in ihrer würdigen Art und Gestalt studieren; die Natur ist doch das einzige Buch das auf allen Blättern großen Gehalt bietet.

FA I.15,1, S. 212

Aus »Italienische Reise«
Das Römische Carneval (Schluss)

Letzter Tag

Meist halten die Kutschenreihen schon zwei Stunden vor Nacht stille, kein Wagen kann mehr von der Stelle, keiner aus den Seitengassen mehr herein rücken. Die Gerüste und Stühle sind früher besetzt, obgleich die Plätze teurer gehalten werden; jeder sucht aufs baldigste unterzukommen, und man erwartet das Ablaufen der Pferde mit mehrerer Sehnsucht als jemals.

Endlich rauscht auch dieser Augenblick vorbei, die Zeichen werden gegeben, daß das Fest geendigt sei; allein weder Wagen, noch Masken, noch Zuschauer weichen aus der Stelle.

Alles ist ruhig, alles still, indem die Dämmerung sachte zunimmt.

Moccoli

Kaum wird es in der engen und hohen Straße düster, so siehet man hie und da Lichter erscheinen, an den Fenstern, auf den Gerüsten sich bewegen und in kurzer Zeit die Zirkulation des Feuers dergestalt sich verbreiten, daß die ganze Straße von brennenden Wachskerzen erleuchtet ist.

Die Balkone sind mit durchscheinenden Papierlaternen verziert, jeder hält seine Kerze zum Fenster heraus, alle Gerüste sind erhellt, und es sieht sich gar artig in die Kutschen hinein, an deren Decken oft kleine krystallne Armleuchter die Gesellschaft erhellen; indessen in einem andern Wagen die

Damen mit bunten Kerzen in den Händen zur Betrachtung ihrer Schönheit gleichsam einzuladen scheinen.

Die Bedienten bekleben den Rand des Kutschendeckels mit Kerzchen, offne Wagen mit bunten Papierlaternen zeigen sich, unter den Fußgängern erscheinen manche mit hohen Lichterpyramiden auf den Köpfen, andere haben ihr Licht auf zusammengebundene Rohre gesteckt, und erreichen mit einer solchen Rute oft die Höhe von zwei, drei Stockwerken.

Nun wird es für einen jeden Pflicht, ein angezündetes Kerzchen in der Hand zu tragen und die Favoritverwünschung der Römer sia ammazzato hört man von allen Ecken und Enden wiederholen.

Sia ammazzato chi non porta moccolo! *Ermordet werde, der kein Lichtstümpfchen trägt!* ruft einer dem andern zu, indem er ihm das Licht auszublasen sucht. Anzünden und ausblasen und ein unbändiges Geschrei: sia ammazzato, bringt nun bald Leben und Bewegung und wechselseitiges Interesse unter die ungeheure Menge.

Ohne Unterschied, ob man Bekannte oder Unbekannte vor sich habe, sucht man nur immer das nächste Licht auszublasen, oder das seinige wieder anzuzünden und bei dieser Gelegenheit das Licht des Anzündenden auszulöschen. Und je stärker das Gebrüll sia ammazzato von allen Enden widerhallt, desto mehr verliert das Wort von seinem fürchterlichen Sinn, desto mehr vergißt man, daß man in Rom sei, wo diese Verwünschung, um einer Kleinigkeit willen, in kurzem an einem und dem andern erfüllt werden kann.

Die Bedeutung des Ausdrucks verliert sich nach und nach gänzlich. Und wie wir in andern Sprachen oft Flüche und unanständige Worte zum Zeichen der Bewunderung und Freude gebrauchen hören, so wird sia ammazzato diesen Abend zum Losungswort, zum Freudengeschrei, zum Refrain aller Scherze, Neckereien und Komplimente.

So hören wir spotten: sia ammazzato il Signore Abbate che fa l'amore. Oder einen vorbeigehenden guten Freund anrufen: Sia ammazzato il Signore Filippo. Oder Schmeichelei und Kompliment damit verbinden: Sia ammazzata la bella Principessa! Sia ammazzata la Signora Angelica la prima pittrice del secolo.

Alle diese Phrasen werden heftig und schnell mit einem langen haltenden Ton auf der vorletzten oder drittletzten Sylbe ausgerufen. Unter diesem unaufhörlichen Geschrei geht das Ausblasen und Anzünden der Kerzen immer fort. Man begegne jemanden im Haus, auf der Treppe, es sei eine Gesellschaft im Zimmer beisammen, aus einem Fenster ans benachbarte, überall sucht man über den andern zu gewinnen, und ihm das Licht auszulöschen.

Alle Stände und Alter toben gegen einander, man steigt auf die Tritte der Kutschen, kein Hängeleuchter, kaum die Laternen sind sicher, der Knabe löscht dem Vater das Licht aus und hört nicht auf zu schreien: sia ammazzato il Signore Padre! Vergebens, daß ihm der Alte diese Unanständigkeit verweis't; der Knabe behauptet die Freiheit dieses Abends, und verwünscht nur seinen Vater desto ärger. Wie nun an beiden Enden des Corso sich bald das Getümmel verliert, desto unbändiger häuft sichs nach der Mitte zu, und dort entsteht ein Gedränge, das alle Begriffe übersteigt, ja das selbst die lebhafteste Erinnerungskraft sich nicht wieder vergegenwärtigen kann.

Niemand vermag sich mehr von dem Platze, wo er steht oder sitzt, zu rühren; die Wärme so vieler Menschen, so vieler Lichter, der Dampf so vieler immer wieder ausgeblasenen Kerzen, das Geschrei so vieler Menschen, die nur um desto heftiger brüllen, je weniger sie ein Glied rühren können, machen zuletzt selbst den gesundesten Sinn schwindeln; es scheint unmöglich, daß nicht manches Unglück geschehen, daß die Kutschpferde nicht wild, nicht manche gequetscht, gedruckt oder sonst beschädigt werden sollten.

Und doch weil sich endlich jeder weniger oder mehr hinweg sehnt, jeder ein Gäßchen, an das er gelangen kann, einschlägt, oder auf dem nächsten Platze freie Luft und Erholung sucht, lös't sich diese Masse auch auf, schmilzt von den Enden nach der Mitte zu, und dieses Fest allgemeiner Freiheit und Losgebundenheit, dieses moderne Saturnal, endigt sich mit einer allgemeinen Betäubung.

Das Volk eilt nun, sich bei einem wohlbereiteten Schmause an dem bald verbotenen Fleische bis Mitternacht zu ergötzen, die feinere Welt nach den Schauspielhäusern, um dort von den sehr abgekürzten Theaterstücken Abschied zu nehmen, und auch diesen Freuden macht die herannahende Mitternachtsstunde ein Ende.

Aschermittwoch

So ist denn ein ausschweifendes Fest, wie ein Traum, wie ein Märchen vorüber, und es bleibt dem Teilnehmer vielleicht weniger davon in der Seele zurück als unsern Lesern, vor deren Einbildungskraft und Verstand wir das Ganze in seinem Zusammenhange gebracht haben.

Wenn uns während des Laufs dieser Torheiten der rohe Pulcinell ungebührlich an die Freuden der Liebe erinnert, denen wir unser Dasein zu danken haben, wenn eine Baubo auf öffentlichem Platze die Geheimnisse der Gebärerin entweiht, wenn so viele nächtlich angezündete Kerzen uns an die letzte Feierlichkeit erinnern, so werden wir mitten unter dem Unsinne auf die wichtigsten Szenen unsers Lebens aufmerksam gemacht.

Noch mehr erinnert uns die schmale, lange, gedrängtvolle Straße an die Wege des Weltlebens, wo jeder Zuschauer und Teilnehmer mit freiem Gesicht oder unter der Maske, vom Balkon oder vom Gerüste, nur einen geringen Raum vor und neben sich übersieht, in der Kutsche oder zu Fuße, nur Schritt vor Schritt vorwärts kommt, mehr geschoben wird als geht, mehr aufgehalten wird, als willig stille steht, nur eifriger dahin zu gelangen sucht, wo es besser und froher zugeht, und dann auch da wieder in die Enge kommt, und zuletzt verdrängt wird.

Dürfen wir fortfahren, ernsthafter zu sprechen, als es der Gegenstand zu erlauben scheint, so bemerken wir: daß die lebhaftesten und höchsten Vergnügen, wie die vorbeifliegenden Pferde, nur einen Augenblick uns erscheinen, uns rühren, und kaum eine Spur in der Seele zurücklassen, daß Freiheit und Gleichheit nur in dem Taumel des Wahnsinns genossen werden können, und daß die größte Lust nur dann am höchsten reizt, wenn sie sich ganz nahe an die Gefahr drängt, und lüstern ängstlich-süße Empfindungen in ihrer Nähe genießet.

Und so hätten wir, ohne selbst daran zu denken, auch unser Carneval mit einer *Aschermittwochsbetrachtung* geschlossen, wodurch wir keinen unsrer Leser traurig zu machen fürchten. Vielmehr wünschen wir, daß jeder mit uns, da das Leben im *Ganzen*, wie das Römische Carneval, unübersehlich, ungenießbar, ja bedenklich bleibt, durch diese unbekümmerte Maskengesellschaft an die Wichtigkeit jedes augenblicklichen, oft geringscheinenden Lebensgenusses erinnert werden möge.

FA I.15,1 S. 548-552

Die dunkle Jahreszeit

Aus »Die Leiden des jungen Werthers«
(2. Fassung)
Brief vom 12. Dezember (1772)

Lieber Wilhelm, ich bin in einem Zustande, in dem jene Unglücklichen gewesen seyn müssen, von denen man glaubte sie würden von einem bösen Geiste umher getrieben. Manchmal ergreift mich's; es ist nicht Angst, nicht Begier – es ist ein inneres unbekanntes Toben, das meine Brust zu zerreissen droht, das mir die Gurgel zupreßt! Wehe! wehe! und dann schweife ich umher in den furchtbaren nächtlichen Scenen dieser menschenfeindlichen Jahrszeit.

Gestern Abend mußte ich hinaus. Es war plötzlich Thauwetter eingefallen, ich hatte gehört, der Fluß sey übergetreten, alle Bäche geschwollen und von Wahlheim herunter mein liebes Thal überschwemmt! Nachts nach eilfe rannte ich hinaus. Ein fürchterliches Schauspiel, vom Fels herunter die wühlenden Fluthen in dem Mondlichte wirbeln zu sehen, über Äcker und Wiesen und Hecken und alles, und das weite Thal hinauf und hinab Eine stürmende See im Sausen des Windes! Und wenn denn der Mond wieder hervortrat und über der schwarzen Wolke ruhte und vor mir hinaus die Fluth in fürchterlich-herrlichem Wiederschein rollte und klang: da überfiel mich ein Schauer und wieder ein Sehnen! Ach mit offnen Armen stand ich gegen den Abgrund und athmete hinab! hinab! und verlohr mich in der Wonne, meine Qualen, meine Leiden da hinab zu stürzen! dahin zu brausen wie die Wellen! Oh! – und den Fuß vom Boden zu heben vermochtest du nicht, und alle Qualen zu enden! – Meine Uhr ist noch nicht ausgelaufen, ich fühle es! O Wilhelm! wie gern hätte ich mein Menschseyn drum gegeben, mit jenem Sturmwinde die Wolken zu zerreissen, die Fluthen zu fassen! Ha! und wird nicht vielleicht dem Eingekerkerten einmal diese Wonne zu Theil? –

Und wie ich wehmüthig hinabsah auf ein Plätzchen, wo ich mit Lotten unter einer Weide geruht, auf einem heißen Spaziergange, – das war auch überschwemmt und kaum daß ich die Weide erkannte! Wilhelm. Und ihre Wiesen, dachte ich, die Gegend um ihr Jagdhaus! wie verstört jetzt vom reissenden Strome unsere Laube! dacht' ich. Und der Vergangenheit Sonnenstrahl blickte herein, wie einem Gefangenen ein Traum von Herden, Wiesen und Ehrenämtern! Ich stand! – Ich schelte mich nicht, denn ich habe Muth zu sterben. – Ich hätte – Nun sitze ich hier wie ein altes Weib, das ihr Holz von Zäunen stoppelt und ihr Brod an den Thüren, um ihr hinsterbendes, freudeloses Daseyn noch einen Augenblick zu verlängern und zu erleichtern.

FA I.8, S. 213 und 215

Aus »Die Leiden des jungen Werthers«
(2. Fassung)

Colma.

»Es ist Nacht! – ich bin allein, verlohren auf dem stürmischen Hügel. Der Wind saust im Gebirge, der Strom heult den Felsen hinab. Keine Hütte schützt mich vor dem Regen mich Verlaßne auf dem stürmischen Hügel.

»Tritt, o Mond, aus deinen Wolken! erscheinet, Sterne der Nacht! Leite mich irgend ein Strahl zu dem Orte, wo meine Liebe ruht, von den Beschwerden der Jagd, sein Bogen neben ihm abgespannt, seine Hunde schnobend um ihn! Aber hier muß ich sitzen allein auf dem Felsen des verwachsenen Stroms. Der Strom und der Sturm saust, ich höre nicht die Stimme meines Geliebten.

»Warum zaudert mein Salgar? Hat er sein Wort vergessen? – Da ist der Fels und der Baum, und hier der rauschende Strom! Mit einbrechender Nacht versprachst du hier zu seyn; ach! wohin hat sich mein Salgar verirrt? Mit dir wollt' ich fliehen, verlassen Vater und Bruder! die Stolzen! Lange sind unsere Geschlechter Feinde, aber wir sind keine Feinde, o Salgar!

»Schweig' eine Weile, o Wind! still, eine kleine Weile, o Strom! daß meine Stimme klinge durch's Thal, daß mein Wanderer mich höre. Salgar! ich bin's, die ruft! Hier ist der Baum und der Fels! Salgar! mein Lieber! hier bin ich; warum zauderst du zu kommen?

»Sieh' der Mond erscheint, die Fluth glänzt im Thale, die Felsen stehen grau, den Hügel hinauf; aber ich seh' ihn nicht auf der Höhe, seine Hunde vor ihm her verkündigen nicht seine Ankunft. Hier muß ich sitzen allein.

FA I.8, S. 233 und 235

Ende Dezember 1783
An Johann Kaspar Lavater

Das neue Jahr sieht mich freundlich an, und ich lasse das alte mit seinem Sonnenschein und Wolcken ruhig hinter mir.

FA II.2, S. 499

An den Mond

Füllest wieder Busch und Tal
Still mit Nebelglanz,
Lösest endlich auch einmal
Meine Seele ganz;

Breitest über mein Gefild
Lindernd deinen Blick,
Wie des Freundes Auge, mild
Über mein Geschick.

Jeden Nachklang fühlt mein Herz
Froh und trüber Zeit,
Wandle zwischen Freud' und Schmerz
In der Einsamkeit.

Fließe, fließe, lieber Fluß,
Nimmer werd' ich froh,
So verrauschte Scherz und Kuß,
Und die Treue so.

Ich besaß es doch einmal,
Was so köstlich ist!
Daß man doch zu seiner Qual
Nimmer es vergißt!

Rausche, Fluß, das Tal entlang,
Ohne Rast und Ruh,
Rausche, flüstre meinem Sang
Melodien zu!

Wenn du in der Winternacht
Wütend überschwillst,
Oder um die Frühlingspracht
Junger Knospen quillst.

Selig wer sich vor der Welt
Ohne Haß verschließt,
Einen Freund am Busen hält,
Und mit dem genießt,

Was von Menschen nicht gewußt,
Oder nicht bedacht,
Durch das Labyrinth der Brust
Wandelt in der Nacht.

FA I.1, S. 301f.

Novemberlied

Dem Schützen, doch dem alten nicht,
Zu dem die Sonne flieht,
Der uns ihr fernes Angesicht
Mit Wolken überzieht;

Dem Knaben sei dies Lied geweiht,
Der zwischen Rosen spielt,
Uns höret und zur rechten Zeit
Nach schönen Herzen zielt.

Durch ihn hat uns des Winters Nacht,
So häßlich sonst und rauh,
Gar manchen werten Freund gebracht
Und manche liebe Frau.

Von nun an soll sein schönes Bild
Am Sternenhimmel stehn,
Und er soll ewig hold und mild
Uns auf und unter gehn.

FA I.2, S. 37

Aus »Wilhelm Meisters Lehrjahre« Zweites Buch, 3. Kapitel

Mehrere Menschen, die, auf einander folgend, hinter ihm her-
kamen, an ihm mit einem Gruße vorbeigingen, und den Weg
ins Gebirge, durch steile Fußpfade, eilig fortsetzten, unterbra-
chen einigemal seine stille Unterhaltung, ohne daß er jedoch
aufmerksam auf sie geworden wäre. Endlich gesellte sich ein
gesprächiger Gefährte zu ihm, und erzählte die Ursache der
starken Pilgerschaft.

Zu Hochdorf, sagte er, wird heute Abend eine Komödie gegeben, wozu sich die ganze Nachbarschaft versammlet.

Wie, rief Wilhelm, in diesen einsamen Gebirgen, zwischen
diesen undurchdringlichen Wäldern hat die Schauspielkunst
einen Weg gefunden, und sich einen Tempel aufgebaut? und
ich muß zu ihrem Feste wallfahrten?

Sie werden sich noch mehr wundern, sagte der andere,
wenn Sie hören, durch wen das Stück aufgeführt wird. Es ist

eine große Fabrik in dem Orte, die viel Leute ernährt. Der Unternehmer, der so zu sagen von aller menschlichen Gesellschaft entfernt lebt, weiß seine Arbeiter im Winter nicht besser zu beschäftigen, als daß er sie veranlaßt hat, Komödie zu spielen. Er leidet keine Karten unter ihnen, und wünscht sie auch sonst von rohen Sitten abzuhalten. So bringen sie die langen Abende zu, und heute, da des Alten Geburtstag ist, geben sie ihm zu Ehren eine besondere Festlichkeit.

FA I.9, S. 440

Aus »Tag- und Jahres-Hefte« 1804

Der Winter hatte sich mit aller Gewalt eingefunden, die Wege waren verschneit, auf der Schnecke kein Fortkommen. Frau von Stael kündigte sich immer dringender an, mein Geschäft war vollendet und ich entschloß mich in mancherley Betracht nach Weimar zu gehen. Aber auch diesmal fühlt' ich die Schädlichkeit des Winteraufenthaltes im Schlosse. Die so theure Erfahrung von 1801. hatte mich nicht aufmerksam, nicht klüger gemacht, ich kehrte mit einem starken Catarrh zurück, der ohne gefährlich zu seyn mich einige Tage im Bette und sodann Wochenlang in der Stube hielt. Dadurch ward mir nun ein Theil des Aufenthaltes dieser seltenen Frau historisch, indem ich was in der Gesellschaft vorging von Freunden berichtlich vernahm, und so mußte denn auch die Unterhaltung erst durch Billette, dann durch Zwiegespräche, später in dem kleinsten Zirkel statt finden: vielleicht die günstigste Weise wie ich sie kennen lernen und mich ihr, in sofern dies möglich war, auch mittheilen konnte.

FA I.17, S. 125f.

Aus »Faust. Der Tragödie Erster Teil«.
Szene »Vor dem Tor«. Famulus Wagner spricht
(V. 1102-1109):

Man sieht sich leicht an Wald und Feldern satt,
Des Vogels Fittig werd' ich nie beneiden.
Wie anders tragen uns die Geistesfreuden,
Von Buch zu Buch, von Blatt zu Blatt!
Da werden Winternächte hold und schön,
Ein selig Leben wärmet alle Glieder,
Und ach! entrollst du gar ein würdig Pergamen,
So steigt der ganze Himmel zu dir nieder.

FA I.7,1, S. 57

Weimar, 13. Januar 1813
An Carl Ludwig von Knebel

Ich bedaure, daß auch du von der Jahreszeit angegriffen worden bist. Mir ging es nicht besser: denn kaum wagte ich mich
aus meiner langen Verborgenheit hervor, ging einige Male
nach Hofe und in die Stadt, so meldeten sich schon wieder allerley Mängel und ich muß wieder das Zimmer hüten; doch
muß man mit jedem Zustand zufrieden seyn, in Betrachtung,
daß so viele Menschen in diesem Augenblick leiden und fer-
nerhin auf das unsäglichste leiden werden.

WA IV.23, S. 239

Weimar, 15. November 1815
An Johann Jacob von Willemer

Auch würde es sehr freundlich seyn wenn die Liebe Kleine dem Gesang und der Cither ein Viertelstündchen entwendete und von Zeit zu Zeit etwas von sich sehen ließe. Die Winterabende scheinen noch einmal so lang wenn man der gewohnten Herbstfreuden auf einmal ganz und gar ermangelt.

WA IV.26, S. 151

Weimar, 3. Februar 1823
An Johann Friedrich Heinrich Schlosser

Gibt es eine Zeit des Schweigens, so muß es ja wohl auch billig eine Zeit des Mittheilens geben. Zu Anfang dieses Jahrs denk ich an so manche Unterlassungssünden des vorigen; ich will sie nicht entschuldigen, aber sage doch soviel, daß ein paar Monate auswärts zugebracht uns in neue Verbindung und Obliegenheit verwickelt, aus denen wir uns im Spätherbst und Winter besonders in meinen Jahren so leicht nicht heraushelfen.

WA IV.36, S. 304f.

Aus dem »West-östlichen Divan«

Der Winter und Timur

So umgab sie nun der Winter
Mit gewalt'gem Grimme. Streuend
Seinen Eishauch zwischen alle,
Hetzt er die verschiednen Winde
Widerwärtig auf sie ein.
Über sie gab er Gewaltkraft
Seinen frostgespitzten Stürmen,
Stieg in Timurs Rath hernieder,
Schrie ihn drohend an und sprach so:
Leise, langsam, Unglücksel'ger!
Wandle du Tyrann des Unrechts;
Sollen länger noch die Herzen
Sengen, brennen deinen Flammen?
Bist du der verdammten Geister
Einer, wohl! ich bin der andre.
Du bist Greis, ich auch, erstarren
Machen wir so Land als Menschen.
Mars! Du bists! ich bin Saturnus,
Uebelthätige Gestirne,
Im Verein die Schrecklichsten.
Tödtest du die Seele, kältest
Du den Luftkreis; meine Lüfte
Sind noch kälter als du seyn kannst.
Quälen deine wilden Heere
Gläubige mit tausend Martern;
Wohl, in meinen Tagen soll sich,
Geb es Gott! was schlimmres finden.
Und bey Gott! Dir schenk' ich nichts

Hör' es Gott was ich dir biete!
Ja bey Gott! von Todeskälte
Nicht, o Greis, vertheidgen soll dich
Breite Kohlenglut vom Heerde,
Keine Flamme des Decembers.

FA I.3,1, S. 372

Aus »Sprüche in Prosa«

Der Schnee ist eine erlogene Reinlichkeit.

FA I.13, S. 15

Eckermann, Gespräche mit Goethe
21. Dezember 1823

Goethes gute Laune war heute wieder glänzend. Wir haben
den kürzesten Tag erreicht, und die Hoffnung, jetzt mit jeder Woche die Tage wieder bedeutend zunehmen zu sehen,
scheint auf seine Stimmung den günstigsten Einfluß auszu-
üben. »Heute feiern wir die Wiedergeburt der Sonne!« rief
er mir froh entgegen, als ich diesen Vormittag bei ihm eintrat.
Ich höre, daß er jedes Jahr die Wochen vor dem kürzesten
Tage in deprimierter Stimmung zu verbringen und zu verseuf-
zen pflegt.

FA II.12, S. 520

Aus »Versuch einer Witterungslehre«

Atmosphäre

Der aufmerksame Beobachter der Witterungsbegebenheiten wird von vielen Seiten her auf den Gedanken getrieben, die den Erdball umgebende Atmosphäre nehme nicht nur, wie das Barometer ausweist, von der Meeresfläche aufwärts an Dichtigkeit, Schwere, Elastizität in stetiger Folge nach und nach ab, hinunterwärts aber zu, sondern es seien eben in diesem atmosphärischen Raume, gewisse geheime, konzentrische Kreise abgeschlossen, die sich, als besonders geeigenschaftet, gelegentlich manifestieren. Was und wie es auch damit sei, wir bemerken folgendes:

Und zwar suchen wir Gelegenheit zuerst vor die große Wilbrandisch-Ritgenische Karte zu treten indem diese solchen allgemeinen Betrachtungen besonders günstig ist; wir sehen darauf die Schneelinie bezeichnet, wie sie sich von ihrer Höhe unter dem Äquator nach Norden und Süden aufs Meer legt, und so über und neben sich das Eis ungeschmolzen bewahrt. Hier sehen wir also eine entschiedene Zone in welcher die auf dem höchstmöglichen Punkt am Erdkreis wachsende Wärme die Solideszenz des Wassers nicht hindern kann, und wir werden darauf geführt unter und über derselben noch mehrere dergleichen Luftgürtel aufzusuchen.

Betrachten wir nun zu diesem Zwecke das Verhältnis lebendiger Wesen zu derselben, so finden wir daß Geschöpfe bis an sie herangehen und deshalb aber auch Verkünder werden wenn dieselbe nach Anlaß der Jahreszeiten herabsteigt. Ich nehme das Beispiel von den Finken und erinnere mich als wir im September 1797. auf Maria-Einsiedeln verweilten und ein in der Nacht gefallener Schnee in einer gewissen mittleren

Höhe des Gebirges liegen geblieben war, sogleich jene zarten Vögel um so viel herabweichend den Vogelstellern unzählig in die Netze fielen, und Pilgern so wie Reisenden als eine schmackhafte Speise zu Gute kamen.

Und so manifestiert sich an allen gebirgigen Orten, dem aufmerksamen Beobachter eine mit der Jahrszeit nach und nach niedersinkende Schneelinie, die nach eintretenden Umständen eine gewisse Linear-Höhe beobachtet. Eine dergleichen zieht sich am großen Ettersberg über Weimar her, läßt Lützendorf unter sich, die Marke in Obeliskenform über sich, und wird am kleinen Ettersberge unscheinbar. Hier bleibt der erste Schnee eine Zeitlang liegen, obgleich die Lage des Berghanges gegen Mittag gesenkt ist.

Dieses Phänomen wiederholte sich mehrere Jahre und mir wurden aus Thüringen andere Beispiele bekannt, wobei freilich zur Sprache kam: daß außer der barometrischen Höhe, noch die Lage gegen diese oder jene Himmelsgegend, die Nachbarschaft zu andern Bergen, sonstige Expositionen, vielleicht die Gebirgsart, in Betracht zu ziehen sei.

FA I.25, S. 281f.

Da blüht der Winter schön

Eintragung in ein Exemplar der »Stella«

Im holden Tal, auf schneebedeckten Höhen
War stets dein Bild mir nah;
Ich sah's um mich in lichten Wolken wehen,
Im Herzen war mir's da.
Empfinde hier, wie mit allmächt'gem Triebe
Ein Herz das andre zieht,
Und daß vergebens Liebe
Vor Liebe flieht.

FA I.1, S. 176

Aus »Claudine von Villa Bella«

Cupido, loser eigensinniger Knabe!
Du batst mich um Quartier auf einige Stunden.
Wie viele Tag' und Nächte bist du geblieben!
Und bist nun herrisch und Meister im Hause geworden!

Von meinem breiten Lager bin ich vertrieben;
Nun sitz' ich an der Erde, Nächte gequälet;
Dein Mutwill' schüret Flamm' auf Flamme des Herdes,
Verbrennet den Vorrat des Winters und senget mich Armen.

Du hast mir mein Gerät verstellt und verschoben;
Ich such', und bin wie blind und irre geworden.
Du lärmst so ungeschickt, ich fürchte das Seelchen
Entflieht, um dir zu entfliehn, und räumet die Hütte.

FA I.1, S. 373f.

Der Müllerin Verrat

Woher der Freund so früh und schnelle,
Da kaum der Tag im Osten graut?
Hat er sich in der Waldkapelle,
So kalt und frisch es ist, erbaut?
Es starret ihm der Bach entgegen;
Mag er mit Willen barfuß gehn?
Was flucht er seinen Morgensegen
Durch die beschneiten, wilden Höhn?

Ach, wohl! er kommt vom warmen Bette,
Wo er sich andern Spaß versprach;
Und wenn er nicht den Mantel hätte,
Wie schrecklich wäre seine Schmach!
Es hat ihn jener Schalk betrogen,
Und ihm den Bündel abgepackt;
Der arme Freund ist ausgezogen,
Und fast, wie Adam, bloß und nackt.

Warum auch schlich er diese Wege
Nach einem frischen Äpfelpaar,
Das freilich schön im Mühlgehege,
So wie im Paradiese, war.
Er wird den Scherz nicht leicht erneuen;
Er druckte schnell sich aus dem Haus,
Und bricht auf einmal nun, im Freien,
In bittre, laute Klagen aus.

Ich las in ihren Feuerblicken
Nicht eine Sylbe von Verrat;
Sie schien mit mir sich zu entzücken,

Und sann auf solche schwarze Tat!
Konnt' ich in ihren Armen träumen,
Wie meuchlerisch der Busen schlug?
Sie hieß den holden Amor säumen,
Und günstig war er uns genug.

Sich meiner Liebe zu erfreuen!
Der Nacht, die nie ein Ende nahm!
Und erst die Mutter anzuschreien,
Nun eben als der Morgen kam!
Da drang ein Dutzend Anverwandten
Herein, ein wahrer Menschenstrom;
Da kamen Vettern, kuckten Tanten,
Es kam ein Bruder und ein Ohm.

Das war ein Toben, war ein Wüten!
Ein jeder schien ein andres Tier.
Sie forderten des Mädchens Blüten
Mit schrecklichem Geschrei von mir. –
Was dringt ihr alle, wie von Sinnen,
Auf den unschuld'gen Jüngling ein?
Denn solche Schätze zu gewinnen,
Da muß man viel behender sein.

Weiß Amor seinem schönen Spiele
Doch immer zeitig nachzugehn;
Er läßt fürwahr nicht in der Mühle
Die Blumen sechzehn Jahre stehn. –
Sie raubten nun das Kleiderbündel,
Und wollten auch den Mantel noch.
Wie nur so viel verflucht Gesindel
Im engen Hause sich verkroch!

Nun sprang ich auf, und tobt' und fluchte,
Gewiß, durch alle durchzugehn.
Ich sah noch einmal die Verruchte,
Und ach! sie war noch immer schön.
Sie alle wichen meinem Grimme;
Da flog noch manches wilde Wort,
Da macht' ich mich, mit Donnerstimme,
Noch endlich aus der Höhle fort.

Man soll auch Mädchen auf dem Lande,
Wie Mädchen aus den Städten, fliehn.
So lasset doch den Frau'n von Stande
Die Lust, die Diener auszuziehn!
Doch seid ihr auch von den Geübten,
Und kennt ihr keine zarte Pflicht,
So ändert immer die Geliebten;
Doch sie verraten müßt ihr nicht.

So singt er in der Winterstunde,
Wo nicht ein armes Hälmchen grünt.
Ich lache seiner tiefen Wunde;
Denn wirklich ist sie wohlverdient.
So geh' es jedem, der am Tage
Sein edles Liebchen frech betriegt,
Und Nachts mit allzukühner Wage,
Zu Amors falscher Mühle kriecht.

FA I.1, S. 674-677

Der Musensohn

Durch Feld und Wald zu schweifen,
Mein Liedchen wegzupfeifen,
So gehts von Ort zu Ort!
Und nach dem Takte reget,
Und nach dem Maß beweget
Sich alles an mir fort.

Ich kann sie kaum erwarten
Die erste Blum' im Garten,
Die erste Blüt' am Baum.
Sie grüßen meine Lieder,
Und kommt der Winter wieder,
Sing' ich noch jenen Traum.

Ich sing' ihn in der Weite,
Auf Eises Läng' und Breite,
Da blüht der Winter schön!
Auch diese Blüte schwindet
Und neue Freude findet
Sich auf bebauten Höhn.

Denn wie ich bei der Linde
Das junge Völkchen finde,
Sogleich erreg' ich sie.
Der stumpfe Bursche bläht sich,
Das steife Mädchen dreht sich
Nach meiner Melodie.

Ihr gebt den Sohlen Flügel
Und treibt, durch Tal und Hügel,

Den Liebling weit von Haus.
Ihr lieben holden Musen,
Wann ruh' ich ihr am Busen
Auch endlich wieder aus?

FA I.2, S. 197f.

5. März 1799
Friedrich Schiller an Goethe

Es hat mich diesen Winter oft geschmerzt, Sie nicht so heiter und mutvoll zu finden, als sonst, und eben darum hätte ich mir selbst etwas mehr Geistesfreiheit gewünscht, um Ihnen mehr sein zu können. Die Natur hat Sie einmal bestimmt, hervorzubringen; jeder andere Zustand, wenn er eine Zeitlang anhält, streitet mit Ihrem Wesen. Eine so lange Pause, als Sie dasmal in der Poesie gemacht haben, darf nicht mehr vorkommen, und Sie müssen darin ein Machtwort aussprechen und ernstlich wollen. Schon deswegen ist mir Ihre Idee zu einem didaktischen Gedichte sehr willkommen gewesen; eine solche Beschäftigung knüpft die wissenschaftliche Arbeiten an die poetischen Kräfte an und wird Ihnen den Übergang erleichtern, an dem es jetzt allein zu fehlen scheint.

GG I. S. 716

Aus »Reineke Fuchs«
I. Gesang, V. 97-119

Aber was ihr Übels an Reineken selber verübet,
Übergeht ihr; und doch, es wissen es manche der Herren,
Wie ihr zusammen ein Bündnis geschlossen und beide
                                        versprochen
Als zwei gleiche Gesellen zu leben. Das muß ich erzählen;
Denn im Winter einmal erduldet er große Gefahren
Euretwegen. Ein Fuhrmann, er hatte Fische geladen,
Fuhr die Straße; ihr spürtet ihn aus und hättet um alles
Gern von der Ware gegessen; doch fehlt es euch leider am
                                        Gelde,
Da beredetet ihr den Oheim, er legte sich listig
Grade für tot in den Weg. Es war beim Himmel ein kühnes
Abenteuer! Doch merket, was ihm für Fische geworden.
Und der Fuhrmann kam und sah im Gleise den Oheim,
Hastig zog er sein Schwert, ihm eins zu versetzen; der Kluge
Rührt' und regte sich nicht, als wär er gestorben; der
                                        Fuhrmann
Wirft ihn auf seinen Karrn, und freut sich des Balges im
                                        voraus.
Ja, das wagte mein Oheim für Isegrim; aber der Fuhrmann
Fuhr dahin und Reineke warf von den Fischen herunter.
Isegrim kam von ferne geschlichen, verzehrte die Fische.
Reineken mochte nicht länger zu fahren belieben; er hub sich,
Sprang vom Karren und wünschte nun auch von der Beute
                                        zu speisen.
Aber Isegrim hatte sie alle verschlungen; er hatte
Über Not sich beladen, er wollte bersten. Die Gräten
Ließ er allein zurück, und bot dem Freunde den Rest an.

FA I.8, S. 662

Aus der Besprechung von
Johann Heinrich Voss: Lyrische Gedichte

Jeder Schriftsteller schildert sich einigermaßen in seinen Werken, auch wider Willen, selbst; der *gegenwärtige* bringt uns, vorsätzlich, inneres und äußeres, Denkweise, Gemütsbewegungen, mit freundlichem Wohlwollen dar, und verschmäht nicht, uns durch beigefügte Noten über Zustände, Gesinnungen, Absichten und Ausdrücke, vertraulich aufzuklären.

Und nun, auf eine so freundliche Weise eingeladen, treten wir ihm näher, suchen ihn bei sich selbst auf, schließen uns an ihn, und versprechen uns im Voraus reichen Genuß, und mannigfaltige Belehrung und Bildung.

In ebener, nördlicher Landschaft finden wir ihn sich seines Daseins freuend, unter einem Himmelsstrich, wo die Alten kaum noch Lebendes vermuteten.

Und freilich übt denn auch daselbst der Winter seine ganze Herrschaft aus. Vom Pole her stürmend bedeckt er die Wälder mit Reif, die Flüsse mit Eis, ein stöbernder Wirbel treibt um den hohen Giebel, indes sich der Dichter, wohlverwahrt, häuslicher Wöhnlichkeit freut, und wohlgemut solchen Gewalten Trotz bietet. Bepelzte, bereifte Freunde kommen an, die, herzlich empfangen, unter sicherem Obdach, in liebevollem vertraulich-gesprächigem Kreise, das häusliche Mahl durch den Klang der Gläser, durch Gesang beleben, und sich einen geistigen Sommer zu verschaffen wissen.

Dann finden wir ihn auch persönlich den Unbilden des Winterhimmels trotzend. Wenn die Axe mit Brennholz befrachtet knarrt, wenn selbst die Fußtritte des Wanderers tönen, sehen wir ihn bald rasch durch den Schnee, nach fernen Freundeswohnungen hintraben, bald zu großem Schlittenzuge gesellt, durch die weiten Ebenen hinklingeln, da denn zuletzt eine trauliche Herberge die halberstarrten aufnimmt, eine lebhafte Flamme des Kamins die eindringenden Gäste begrüßt, Tanz, Chorgesang, und mancher erwärmende Genuß, der Jugend sowohl als dem Alter genugtut.

Schmilzt aber von einer zurückkehrenden Sonne der Schnee, befreit sich ein erwärmter Boden nur einigermaßen von dieser lästigen Decke; so eilt mit den Seinen der Dichter alsbald ins Freie, sich an dem ersten Lebenshauche des Jahres zu erquicken, und die zuerst erscheinenden Blumen aufzusuchen. Vielfarbiger Güldenklee wird gepflückt, zu Sträußern gebunden und im Triumph nach Hause gebracht, wo diese Vorboten künftigen Genusses ein hoffnungsvolles Familienfest zu krönen gewidmet sind.

FA I.18, S. 945f.

Aufzug des Winters

DER SCHLAF Ein treuer Freund, der allen frommt,
    Gerufen oder nicht, er kommt.
    Gern mag er Elend, Sorge, Pein
    Mit seinem sanften Schleier decken;
    Und selbst das Glücke wiegt er ein,
    Zu neuen Freuden es zu wecken.
DIE NACHT Der Menschen Freund und Feind,
    Dem Traurigen betrübt,
    Dem Frohen froh,
    Gefürchtet und geliebt.
DIE TRÄUME Wir können eine ganze Welt
    So klein wir sind, betrügen,

Und Jeden, wie es uns gefällt,
Erschrecken und vergnügen.

DER WINTER Euch so zusammen hier zu finden
Ist mir die größte Lust.
Ich nur, ich weiß euch zu verbinden,
Des bin ich mir bewußt.
Vor meinen Stürmen fliehet ihr
Und suchet Euresgleichen;
Und darin muß der Sommer mir
Mit seiner Schönheit weichen.

DAS SPIEL Bei Vielen gar gut angeschrieben
Find' ich hier manch bekannt Gesicht;
Doch Einen, dem ich immer treu geblieben,
Den find' ich nicht.

DER WEIN Zur Gesellschaft kann nicht besser
Je ein Gast gefunden sein:
Gerne geben meine Fässer,
Nehmen gerne wieder ein.

DIE LIEBE In mancherlei Gestalten
Mach' ich euch bang.
So jung ich bin, mich kennen doch die Alten
Schon lang.

DIE TRAGÖDIE Mit nachgeahmten hohen Schmerzen
Durchbohr' ich spielend jede Brust,
Und euren tiefbewegten Herzen
Sind Tränen Freude, Schmerzen Lust.

DIE KOMÖDIE Magst sie immer weinen machen,
Das ist, dünkt mich, gar nicht schwer;
Doch ich mache sie zu lachen,
Das ist besser und ist mehr.

DAS CARNEVAL Mich ergetzen viele Lichter,
Mehr noch fröhliche Gesichter;

Mich ergetzen Tanz und Scherz,
Mehr noch ein vergnügtes Herz;
Pracht und buntes Leben sehr,
Aber eure Gunst noch mehr.
Zu den vier Temperamenten
Die vier Kleinen die ich führe
Sind gar wunderliche Tiere,
Sind auch nach der Menschen Art
Widerwärtiglich gepaart,
Und mit Weinen oder Lachen
Müssen sie Gesellschaft machen.

CHOR DER MASKEN

SPANIER *und* SPANIERIN Vor dem bunten Schwarme flieht
Die Melancholei.
Auch aus fremden Ländern zieht
Uns die Lust herbei.

SCAPIN *und* SCAPINE Mit einer Mütze voller List
Bleibt Scapin euch zu Diensten,
Und auch Scapinens Köpfchen ist
Nicht leer von feinen Künsten.

PIERROT *und* PIERROTTE Wir Beide mögen treu und gut
Uns gern gesellig zeigen,
Mit langen Ärmeln, frohem Mut,
Und wünschen euch desgleichen.

EIN PAAR IN TABARROS Wir zwei Tabarros wollen gar
Uns auch hierzu gesellen,
Um noch zuletzt mit Einem Paar
Die Menge vorzustellen.

DAS STUDIUM Mein Fleiß ist immer etwas nütz,
Auch hier ist er's geblieben:
Ich hab' euch allen unsern Witz
Verständlich aufgeschrieben.

FA I.6, S. 438-440

Aus dem Maskenzug »Die Romantische Poesie«

WINTER

Wir dürfen kaum hier noch den Winter nennen:
Denn ist wohl Winter wo die Sonne scheint?
Die Augen glühn, die Herzen alle brennen,
Und jeder spricht und handelt wie er's meint.
Von allen Jahreszeiten die wir kennen,
Ist sie's, die eine, die uns so vereint:
Sie gab uns *dich*, belebt nun diese Feste,
Und so erscheint sie uns die allerbeste.

FA I.6, S. 816

Maskenzug 1818
(zu Ehren der Kaiserin Mutter Maria Feodorowna)

Drei Monate treten auf. *Oktober,* des allerhöchsten Geburts-
festes sich rühmend, in Gestalt eines wein- und fruchtbe-
kränzten Genius. *November* in Jäger-Gestalt; fröhlicher Geleits-
mann des bisherigen Zuges durch so manche Länder, Zeuge
erfreulichster Namensfeier. *Dezember,* hausmütterlich heran-
tretend, mit *Kindern,* die an den Weihnachts-Geschenken,
noch mehr aber an Allerhöchster Gegenwart und Gunst sich
ergötzen, und ein herannahendes der Welt segenreiches Ge-
burtsfest anzukündigen. 〈...〉
   Drei Monate treten auf. Nacht fährt fort.
   Drei Monden sind es die mir Gunst erweisen,
   Stets länger, breiter dehnt mein Reich sich aus;
   Ich kann sie diesmal hoch und herrlich preisen:
   Denn sie verherrlichen das höchste Haus.

Oktober als Weingott.
Wenn dieser sich mit Kranz auf Kranz bekränzt,
So wird man ihm den Stolz vergeben;
Wenn Übermut von Stirn und Auge glänzt,
Er deutet hin auf's reichbegabte Leben.
Wie er sich auch mit Ranken freudig ziert,
Wie honigsüß die Kelter fließen mag,
Das ist es nicht: denn ihm allein gebührt
Des Festes Fest, ein auserwählter Tag;
Ein Tag so hehr, im Zeitenkreis gestellet,
Der fünf und zwanzigste bleibt seine Zahl,
Der *Sie* dem Licht, ein neues Licht, gesellet,
Sich wiederhol' er überzähligmal.
November als Schütze.

>Dieser, der, nach Jägerweise,
>Wälder, Berg und Tal durchstreift,
>Tritt herbei zu *Deinem* Preise,
>Da er nicht im Weiten schweift;
>Nein! das schöne Glück ergreift
>Zu begleiten *Deine* Reise.

>Hinter Ceres Flügelwagen
>Wie sich still die Furche schließt,
>Und nach mildvergangnen Tagen
>Sich das Erntefest ergießt;
>Wird er so auf grünen Höhen,
>Auf der goldnen Saaten Flur
>Immerfort gesegnet sehen
>*Deines* Zuges reiche Spur.

Dezember als Mutter, mit zwei Kindern.
Der Weihnachtsbaum war mütterlich geschmückt,
Die Kinder harrten mit Verlangen,

Und das Ersehnte wird herangerückt,
Das holde Fest wird glanzvoll früh begangen.
Was Kinder fühlen wissen wir nicht leicht! –
Zum Kinde:
Magst du, mein Schatz! dich unterwinden
Und wie es dir im stillen Herzen deucht,
Mit lauter Stimme selbst verkünden?

WEIHNACHTS-KINDER

Der Winter ist den Kindern hold,
Die jüngsten sind's gewohnt.
Ein Engel kommt, die Flüglein Gold,
Der guten Kindern lohnt.
Sie sind geschickt, sie sind bereit
Zu mancher Jahre Lauf;
Nun sind wir fromm auf Lebenszeit;
Der Himmel tat sich auf.
Sie kommen, bringen, groß wie mild,
Ein einzig Weihnachtsfest!
Auf Erden bleibet Ihr sein Bild,
Auch uns im Herzen fest.

Ich weiß, wir dürfen *Dir* uns nah'n,
Uns gönnst *Du* jede Zeit,
Wie selig ist es zu empfahn,
Und Dank ist Seligkeit.
Bedürfnis macht die Kinder gleich,
Sie blickt und hilft geschwind.
Denn hoch und niedrig, arm und reich
Das alles ist Ihr Kind.

FA I.6, S. 825, 831-833

Jahr aus Jahr ein

Ohne Schrittschuh und Schellengeläut
Ist der *Januar* ein böses Heut.

————

Ohne Fastnachtstanz und Mummenspiel
Ist am *Februar* auch nicht viel.

————

Willst du den *März* nicht ganz verlieren
So laß nicht in April dich führen.

————

Den ersten *April* mußt überstehn
Dann kann dir manches Guts geschehn.

————

Und weiterhin im *Mai,* wenn's glückt,
Hat dich wieder ein Mädchen berückt.

————

Und das beschäftigt dich so sehr,
Zählst Tage, Wochen und Monde nicht mehr.

FA I.2, S. 532

Die Blumen, in den Wintertagen,
Versammeln froh sich hier zu Hauf,
Mit heitern Blicken uns zu sagen:
An *Ihrem* Fest blüht alles auf.

FA I.2, S. 579

Blumenkelche, Blumenglocken
Folgen deinem Reiselauf;
Unter Schneegestöbers Flocken
Suche mir ein Liebes auf.

FA I.2, S. 617

Nach einem Bericht der Enkelin von Carl Ludwig von Knebel

Zu Knebels Distichon:

   Tritten des Wand'rers über den Schnee sei ähnlich
      mein Leben;
   Es bezeichne die Spur, aber beflecke sie nicht.

   Seine Entstehung verdankt es einem heiteren Beisammensein Goethes, Knebels und einiger anderer Jenenser Freunde im Hause des Botanischen Gartens zu Jena [am 22. Oktober 1804?]. Während eine lebhafte Unterhaltung die Geister völlig in Anspruch genommen hatte, war draußen der erste Schnee gefallen. Plötzlich bemerkte Goethe das überraschend veränderte Bild, und von dessen Schönheit mächtig ergriffen, schlug er vor, jeder solle ein Gedicht darauf machen.

   Knebel trat an das Fenster, blickte eine Zeitlang sinnend hinaus über den Garten, das Tal, zu den Bergen – überall dieselbe blendend weiße, weiche Hülle von frisch gefallenem Schnee. Er nahm ein Blatt Papier zur Hand und schrieb das erwähnte Distichon nieder, und Goethe, der andere so gern anerkannte, war so entzückt davon, daß er ausrief: »Knebel, für dieses Distichon gäb' ich einen Band meiner Werke hin!«

GG I, S. 975

Auf dem Eis

Mut

Sorglos über die Fläche weg,
Wo vom kühnsten Wager die Bahn
Dir nicht vorgegraben du siehst,
Mache dir selber Bahn!

Stille, Liebchen, mein Herz!
Kracht's gleich, bricht's doch nicht!
Bricht's gleich, bricht's nicht mit dir!

FA I.2, S. 44

Aus »Dichtung und Wahrheit«
Zwölftes Buch

Wie man aber Verletzungen und Krankheiten in der Jugend
rasch überwindet, weil ein gesundes System des organischen
Lebens für ein krankes einstehen und ihm Zeit lassen kann
auch wieder zu gesunden, so traten körperliche Übungen glücklicher Weise, bei mancher günstigen Gelegenheit, gar vorteil-
haft hervor, und ich ward zu frischem Ermannen, zu neuen
Lebensfreuden und Genüssen vielfältig aufgeregt. Das Reiten
verdrängte nach und nach jene schlendernden, melancholi-
schen, beschwerlichen und doch langsamen und zwecklosen
Fußwanderungen; man kam schneller, lustiger und bequemer
zum Zweck. Die jüngern Gesellen führten das Fechten wieder
ein; besonders aber tat sich, bei eintretendem Winter, eine
neue Welt vor uns auf, indem ich mich zum Schlittschuhfah-
ren, welches ich nie versucht hatte, rasch entschloß, und es in

kurzer Zeit, durch Übung, Nachdenken und Beharrlichkeit, so weit brachte, als nötig ist, um eine frohe und belebte Eisbahn mitzugenießen, ohne sich gerade auszeichnen zu wollen.

Diese neue frohe Tätigkeit waren wir denn auch Klopstokken schuldig, seinem Enthusiasmus für diese glückliche Bewegung, den Privatnachrichten bestätigten, wenn seine Oden davon ein unverwerfliches Zeugnis ablegen. Ich erinnere mich ganz genau, daß an einem heiteren Frostmorgen, ich aus dem Bette springend mir jene Stellen zurief;

> Schon von dem Gefühle der Gesundheit froh,
> Hab' ich, weit hinab, weiß an dem Gestade gemacht
> Den bedeckenden Krystall.

> Wie erhellt des Winters werdender Tag
> Sanft den See? Glänzenden Reif, Sternen gleich,
> Streute die Nacht über ihn aus!

Mein zaudernder und schwankender Entschluß war sogleich bestimmt, und ich flog sträcklings dem Orte zu, wo ein so alter Anfänger mit einiger Schicklichkeit seine ersten Übungen anstellen konnte. Und fürwahr! diese Kraftäußerung verdiente wohl von Klopstock empfohlen zu werden, die uns mit der frischesten Kindheit in Berührung setzt, den Jüngling seiner Gelenkheit ganz zu genießen aufruft, und ein stockendes Alter abzuwehren geeignet ist. Auch hingen wir dieser Lust unmäßig nach. Einen herrlichen Sonnentag so auf dem Eise zu verbringen, genügte uns nicht; wir setzten unsere Bewegung bis spät in die Nacht fort. Denn wie andere Anstrengungen den Leib ermüden, so verleiht ihm diese eine immer neue Schwungkraft. Der über den nächtlichen, weiten, zu Eisfeldern überfrorenen Wiesen aus den Wolken hervortretende Vollmond, die unserm Lauf entgegensäuselnde Nachtluft, des bei abnehmendem Wasser sich senkenden Eises ernsthafter Donner, unserer eigenen Bewegungen sonderbarer Nachhall, vergegenwärtigten uns Ossiansche Szenen ganz vollkommen. Bald dieser bald jener Freund ließ in deklamatorischem Halbgesange eine Klopstockische Ode ertönen, und wenn wir uns im Dämmerlichte zusammenfanden, erscholl das ungeheuchelte Lob des Stifters unserer Freuden.

> Und sollte der unsterblich nicht sein,
> Der Gesundheit uns und Freuden erfand,
> Die das Roß mutig im Lauf niemals gab,
> Welche der Ball selber nicht hat?

Solchen Dank verdient sich ein Mann, der irgend ein irdisches Tun durch geistige Anregung zu veredeln und würdig zu verbreiten weiß!

Und so wie talentreiche Kinder, deren Geistesgaben schon früh wundersam ausgebildet sind, sich, wenn sie nur dürfen, den einfachsten Knabenspielen wieder zuwenden, vergaßen wir nur allzu leicht unseren Beruf zu ernsteren Dingen; doch regte gerade diese oft einsame Bewegung, dieses gemächliche Schweben im Unbestimmten, gar manche meiner innern Bedürfnisse wieder auf, die eine Zeitlang geschlafen hatten, und ich bin solchen Stunden die schnellere Ausbildung älterer Vorsätze schuldig geworden.

FA I.14, S. 568-570

Aus »Dichtung und Wahrheit«
Fünfzehntes Buch, über Klopstock

Von poetischen und literarischen Dingen hörte man ihn selten sprechen. Da er aber an mir und meinen Freunden leidenschaftliche Schlittschuhfahrer fand, so unterhielt er sich mit uns weitläuftig über diese edle Kunst, die er gründlich durchgedacht und was dabei zu suchen und zu meiden sei, sich wohl überlegt hatte. Ehe wir jedoch seiner geneigten Belehrung teilhaft werden konnten, mußten wir uns gefallen lassen, über den Ausdruck selbst, den wir verfehlten, zurecht gewiesen zu werden. Wir sprachen nämlich auf gut Oberdeutsch von Schlittschuhen, welches er durchaus nicht wollte gelten lassen: denn das Wort komme keinesweges von Schlitten, als wenn man auf kleinen Kufen dahin führe, sondern von Schreiten, indem man, den Homerischen Göttern gleich, auf diesen geflügelten Sohlen über das zum Boden gewordene Meer hinschritte. Nun kam es an das Werkzeug selbst; er wollte von den hohen hohlgeschliffenen Schrittschuhen nichts wissen, sondern empfahl die niedrigen breiten flachgeschliffenen Friesländischen Stähle, als welche zum Schnelllaufen die dienlichsten seien. Von Kunststücken, die man bei dieser Übung zu machen pflegt, war er kein Freund. Ich schaffte mir nach seinem Gebot so ein paar flache Schuhe mit langen Schnäbeln, und habe solche, obschon mit einiger Unbequemlichkeit, viele Jahre geführt.

FA I.14, S. 710 f.

Aus »Dichtung und Wahrheit«
Sechzehntes Buch

Ein sehr harter Winter hatte den Mayn völlig mit Eis bedeckt und in einen festen Boden verwandelt. Der lebhafteste, notwendige und lustig gesellige Verkehr regte sich auf dem Eise. Grenzenlose Schrittschuhbahnen, glattgefrorne weite Stellen wimmelten von bewegter Versammlung. Ich fehlte nicht vom frühen Morgen an und war also wie späterhin meine Mutter, dem Schauspiel zuzusehen, angefahren kam, als leichtgekleidet wirklich durchgefroren. Sie saß im Wagen in ihrem roten Sammetpelze, der auf der Brust mit starken goldnen Schnüren und Quasten zusammengehalten, ganz stattlich aussah. Geben Sie mir, liebe Mutter, ihren Pelz! rief ich aus dem Stegreife, ohne mich weiter besonnen zu haben, mich friert grimmig. Auch sie bedachte nichts weiter, im Augenblicke hatte ich den Pelz an, der purpurfarb bis an die Waden reichend, mit Zobel verbrämt mit Gold geschmückt zu der braunen Pelzmütze die ich trug, gar nicht übel kleidete. So fuhr ich sorglos auf und ab, auch war das Gedränge so groß, daß man die seltene Erscheinung nicht einmal sonderlich bemerkte, obschon einigermaßen: denn man rechnete mir sie später unter meinen Anomalien im Ernst und Scherze wohl einmal wieder vor.

FA I.14, S. 737f.

Frankfurt, Ende Januar 1774
An Johanna Fahlmer

Heut war Eis Hochzeittag! Es musste gehn, es krachte, und bog sich, und quoll, und finaliter brachs, und der Hr. Ritter pattelten sich heraus wie eine Sau.

WA IV.2, S. 141

24. Dezember 1775
Bertuch an den Herzog Carl August

[Im Dorf Waldeck bei Bürgel.] Goethe und Einsiedel sind schon seit Tisch auf dem Eise und schreiten mit aller möglichen Grazie … Wir alle sind hier so glücklich wie die Halbgötter, wenn sie im kristallen Himmel auf Stachelschlitten fahren. Unzähligemal haben wir auf Ihre Gesundheit getrunken, haben's gefühlt, haben's uns einander mit glühenden Herzen gesagt, was es für ein Glück sei, Sie, teurer Durchlauchter Herr, so von ganzem Herzen und ganzer Seele lieben zu können …

Goethe – der uns nebst Herrn v. Kalb morgen schon verläßt – verspricht mir, Ihnen diesen Brief – nicht Brief! Abdruck meines Herzens – in Ehrfurcht schon zu übergeben.

GG I, S. 174

Carl von Stein:
Erinnerungen (nach 1832)

Goethe hielt sich viel zu dieser Gesellschaft, und da der junge Herzog etwas burschikos lebte, unzertrennlich mit Goethe war, auch einmal mit dem Pferde stürzte, so gab es viele, welche den Einfluß des jungen Goethe auf den jungen Herzog für sehr nachteilig hielten. Zu dieser Mißbilligung gehörte auch unter andern das Schlittschuhlaufen, ein vorher nur bei den untern Ständen der Stadt gebräuchliches Vergnügen. Auf Goethens Veranlassung wurde hierzu ein Teich im sogenannten Baumgarten (eine damals herzogliche, später von Bertuch akquirierte Besitzung) erwählt. Es wurde ein transportabel Bretterhäuschen mit einem Windofen ans Ufer gebauet, mehrere Schlittenstühle angeschafft, Damen auf dem Eise spazieren zu fahren. Die Herzoginnen kamen mit ihren Damen hinaus, und viele Herren, selbst Damen, lernten Schlittschuh laufen. Goethens Bedienter (er hieß Seidel) erteilte Unterricht. Dieser Diener zeichnete sich durch seinen Gang aus, den er seinem Herrn nachmachte, und was ihm umso mehr glückte, da sie ganz von einerlei Größe, gerade gewachsen, etwas derbe Beine hatten, und beim Gehen den Teil des Körpers, worauf man sitzt, einzogen, dagegen den Unterleib etwas vorstreckten.

GG I, S. 177

Karl Freiherr von Lynckers Aufzeichnungen

Als aber später hier die Schwanseewiesen überschwemmt wurden, gab der Herzog dort größere Feste, sogar Eis-Maskeraden und Illuminationen, denen die Durchlauchtigsten Damen und der Adel beiwohnten. Wir Knaben erschienen gewöhnlich nur zweimal die Woche, um unsere Lehrstunden nicht zu sehr zu vernachlässigen, und der Herzog, sowie Goethe, ließen uns Kunststücke erlernen. Wir mußten nämlich in vollem Schlittschuh-Fahren Äpfel mit bloßen Degenspitzen aufspießen, über Stangen springen, wurden gleich Hasen mit Parforcepeitschen gehetzt; ja, man schoß aus nur mit Pulver geladenen Pistolen hinter dem flüchtigen Wilde drein, welches für uns die größte Lust war.

GG I, S. 391

9./11. Januar 1802
Carl von Stein an seinen Bruder Fritz

Dieser Tage her waren einige mit Musik begleitete Schlittenfahrten zum großen Vergnügen meiner Frau, die gern Schlitten fährt. Niemand fährt aber mit einer triumphierenderen Miene und mit mehr Passion, scheint es, als der dicke Geheimrat Goethe neben seiner Gattin sitzend ... fährt aber nicht selbst, sondern läßt sich fahren. Bei den großen Gesellschaftschlittenfahrten aber gibt er den Platz seiner Füchsin an eine Dame der Gesellschaft ab.

GG I, S. 831

Aus »Wilhelm Meisters Wanderjahre«
Zweites Buch, 5. Kapitel,
»Der Mann von fünfzig Jahren«

In solcher Stimmung konnte man die Ankunft des Vaters gar wohl erwarten; auch wurden sie durch eintretende Naturereignisse zu einer tätigen Lebensweise aufgeregt. Das anhaltende Regenwetter, das sie bisher in dem Schloß zusammenhielt, hatte überall, in großen Wassermassen niedergehend, Fluß um Fluß angeschwellt; es waren Dämme gebrochen und die Gegend unter dem Schlosse lag als ein blanker See, aus welchem die Dorfschaften, Meierhöfe, größere und kleinere Besitztümer, zwar auf Hügeln gelegen, doch immer nur inselartig hervorschauten.

Auf solche zwar seltene, aber denkbare Fälle war man eingerichtet; die Hausfrau befahl und die Diener führten aus. Nach der ersten allgemeinsten Beihülfe ward Brot gebacken, Stiere wurden geschlachtet, Fischerkähne fuhren hin und her, Hülfe und Vorsorge nach allen Enden hin verbreitend. Alles fügte sich schön und gut, das freundlich Gegebene ward freudig und dankbar aufgenommen, nur an Einem Orte wollte man den austeilenden Gemeindevorstehern nicht trauen; Flavio übernahm das Geschäft und fuhr mit einem wohlbeladenen Kahn eilig und glücklich zur Stelle. Das einfache Geschäft, einfach behandelt, gelang zum besten; auch entledigte sich, weiterfahrend, unser Jüngling eines Auftrags, den ihm Hilarie bei'm Scheiden gegeben. Gerade in den Zeitpunkt dieser Unglückstage war die Niederkunft einer Frau gefallen, für die sich das schöne Kind besonders interessierte. Flavio fand die Wöchnerin, und brachte allgemeinen und diesen besondern Dank mit nach Hause. Dabei konnte es nun an mancherlei Erzählungen nicht fehlen. War auch niemand umgekommen, so hatte man von wunderbaren Rettungen, von seltsamen, scherzhaften, ja lächerlichen Ereignissen viel zu sprechen; manche notgedrungene Zustände wurden interessant beschrieben. Genug, Hilarie empfand auf einmal ein unwiderstehliches Verlangen, gleichfalls eine Fahrt zu unternehmen, die Wöchnerin zu begrüßen, zu beschenken und einige heitere Stunden zu verleben.

Nach einigem Widerstand der guten Mutter siegte endlich der freudige Wille Hilarien's dieses Abenteuer zu bestehen, und wir wollen gern bekennen, in dem Laufe wie diese Begebenheiten uns bekannt geworden einigermaßen besorgt gewesen zu sein, es möge hier einige Gefahr obschweben, ein Stranden, ein Umschlagen des Kahns, Lebensgefahr der Schönen, kühne Rettung von Seiten des Jünglings um das lose-geknüpfte Band noch fester zu ziehen. Aber von allem diesem war nicht die Rede, die Fahrt lief glücklich ab, die Wöchnerin ward besucht und beschenkt; die Gesellschaft des Arztes blieb nicht ohne gute Wirkung und wenn hier und da ein kleiner Anstoß sich hervortat, wenn der Anschein eines gefährlichen Moments die Fortrudernden zu beunruhigen schien, so endete solches nur mit neckendem Scherz, daß eins dem andern eine ängstliche Miene, eine größere Verlegenheit, eine furchtsame Gebärde wollte abgemerkt haben. Indessen war das wechselseitige Vertrauen bedeutend gewachsen; die Gewohnheit sich zu sehen und unter allen Umständen zusammen zu sein, hatte sich verstärkt und die gefährliche Stellung, wo Verwandtschaft und Neigung zum wechselseitigen Annähern und Festhalten sich berechtigt glauben, ward immer bedenklicher.

Anmutig sollten sie jedoch auf solchen Liebeswegen immer weiter und weiter verlockt werden. Der Himmel klärte sich auf, eine gewaltige Kälte, der Jahreszeit gemäß, trat ein, die Wasser gefroren ehe sie verlaufen konnten. Da veränderte sich das Schauspiel der Welt vor allen Augen auf einmal; was durch Fluten erst getrennt war hing nunmehr durch befestigten Boden zusammen, und alsobald tat sich als erwünschte Vermittlerin die schöne Kunst hervor welche die ersten raschen Wintertage zu verherrlichen und neues Leben in das Erstarrte zu bringen im hohen Norden erfunden worden. Die Rüstkammer öffnete sich, jedermann suchte nach seinen gezeichneten Stahlschuhen, begierig die reine glatte Fläche, selbst mit einiger Gefahr, als der Erste zu beschreiten. Unter den Hausgenossen fanden sich viele zu höchster Leichtigkeit Geübte; denn dieses Vergnügen ward ihnen fast jedes Jahr auf benachbarten Seen und verbindenden Kanälen, diesmal aber in der fernhin erweiterten Fläche.

Flavio fühlte sich nun erst durch und durch gesund und Hilarie, seit ihren frühsten Jahren von dem Oheim eingeleitet, bewies sich so lieblich als kräftig auf dem neu erschaffenen Boden; man bewegte sich lustig und lustiger bald zusammen, bald einzeln, bald getrennt, bald vereint. Scheiden und meiden, was sonst so schwer auf's Herz fällt, ward hier zum kleinen scherzhaften Frevel, man floh sich um sich einander augenblicks wieder zu finden.

Aber innerhalb dieser Lust und Freudigkeit bewegte sich auch eine Welt des Bedürfnisses; immer waren bisher noch einige Ortschaften nur halb versorgt geblieben, eilig flogen nunmehr auf tüchtig bespannten Schlitten die nötigsten Waren hin und wider, und was der Gegend noch mehr zu Gute kam, war daß man aus manchen der vorübergehenden Hauptstraße allzufernen Orten nunmehr schnell die Erzeugnisse des Feldbaues und der Landwirtschaft in die nächsten Magazine der kleinen Städte und Flecken bringen und von dorther aller Art Waren zurückführen konnte. Nun war auf einmal eine bedrängte, den bittersten Mangel empfindende Gegend wieder befreit, wieder versorgt, durch eine glatte dem Geschickten, dem Kühnen geöffnete Fläche verbunden.

Auch das junge Paar unterließ nicht bei vorwaltenden Vergnügen mancher Pflichten einer liebevollen Anhänglichkeit zu gedenken. Man besuchte jene Wöchnerin, begabte sie mit allem Notwendigen; auch andere wurden heimgesucht: Alte, für deren Gesundheit man besorgt gewesen; Geistliche, mit denen man erbauliche Unterhaltung sittlich zu pflegen gewohnt war und sie jetzt in dieser Prüfung noch achtenswerter fand; kleinere Gutsbesitzer die kühn genug vor Zeiten sich in gefährliche Niederungen angebaut, diesmal aber durch wohlangelegte Dämme geschützt unbeschädigt geblieben – und nach grenzenloser Angst sich ihres Daseins doppelt erfreuten. Jeder Hof, jedes Haus, jede Familie, jeder Einzelne hatte seine Geschichte, er war sich und auch wohl andern eine bedeutende Person geworden, deswegen fiel auch einer dem andern Erzählenden leicht in die Rede. Eilig war jeder im Sprechen und Handeln, Kommen und Gehen, denn es blieb immer die Gefahr, ein plötzliches Tauwetter möchte den ganzen schönen Kreis glücklichen Wechselwirkens zerstören, die Wirte bedrohen und die Gäste vom Hause abschneiden.

War man den Tag in so rascher Bewegung und dem lebhaftesten Interesse beschäftigt, so verlieh der Abend auf ganz andere Weise die angenehmsten Stunden, denn das hat die Eislust vor allen andern körperlichen Bewegungen voraus, daß die Anstrengung nicht erhitzt und die Dauer nicht ermüdet. Sämtliche Glieder scheinen gelenker zu werden und jedes Verwenden der Kraft neue Kräfte zu erzeugen, so daß zuletzt eine selig bewegte Ruhe über uns kommt, in der wir uns zu wiegen immerfort gelockt sind.

Heute nun konnte sich unser junges Paar von dem glatten Boden nicht loslösen, jeder Lauf gegen das erleuchtete Schloß, wo sich schon viele Gesellschaft versammelte, ward plötzlich umgewendet und eine Rückkehr in's Weite beliebt, man mochte sich nicht von einander entfernen aus Furcht sich zu verlieren, man faßte sich bei der Hand um der Gegenwart ganz gewiß zu sein. Am allersüßesten aber schien die Bewegung, wenn über den Schultern die Arme verschränkt ruhten und die zierlichen Finger unbewußt in beiderseitigen Locken spielten.

Der volle Mond stieg zu dem glühenden Sternenhimmel herauf und vollendete das Magische der Umgebung. Sie sahen sich wieder deutlich und suchten wechselseitig in den beschatteten Augen Erwiderung wie sonst, aber es schien anders zu sein. Aus ihren Abgründen schien ein Licht hervorzublicken und anzudeuten was der Mund weislich verschwieg, sie fühlten sich beide in einem festlich behäglichen Zustande.

Alle hochstämmigen Weiden und Erlen an den Gräben, alles niedrige Gebüsch auf Höhen und Hügeln war deutlich geworden; die Sterne flammten, die Kälte war gewachsen, sie fühlten nichts davon und fuhren dem lang daher glitzernden Widerschein des Mondes, unmittelbar dem himmlischen Gestirn selbst entgegen. Da blickten sie auf und sahen im Geflimmer des Widerscheins die Gestalt eines Mannes hin und herschweben, der seinen Schatten zu verfolgen schien und selbst dunkel vom Lichtglanz umgeben auf sie zuschritt; unwillkürlich wendeten sie sich ab, jemanden zu begegnen wäre widerwärtig gewesen. Sie vermieden die immerfort sich herbewegende Gestalt, die Gestalt schien sie nicht bemerkt zu haben und verfolgte ihren geraden Weg nach dem Schlosse. Doch verließ sie auf einmal diese Richtung und umkreis'te mehrmals das fast beängstigte Paar. Mit einiger Besonnenheit suchten sie für sich die Schattenseite zu gewinnen, im vollen Mondglanz fuhr jener auf sie zu, er stand nah vor ihnen, es war unmöglich den Vater zu verkennen.

Hilarie, den Schritt anhaltend, verlor in Überraschung das Gleichgewicht und stürzte zu Boden, Flavio lag zu gleicher Zeit auf einem Knie, und faßte ihr Haupt in seinen Schoß auf, sie verbarg ihr Angesicht, sie wußte nicht wie ihr geworden war. – »Ich hole einen Schlitten, dort unten fährt noch einer vorüber, ich hoffe sie hat sich nicht beschädigt, hier, bei diesen hohen drei Erlen find' ich euch wieder!« so sprach der Vater und war schon weit hinweg. Hilarie raffte sich an dem Jüngling empor. – »Laß uns fliehen,« rief sie, »das ertrag' ich nicht.« – Sie bewegte sich nach der Gegenseite des Schlosses heftig, daß Flavio sie nur mit einiger Anstrengung erreichte, er gab ihr die freundlichsten Worte.

Auszumalen ist nicht die innere Gestalt der drei, nunmehr nächtlich auf der glatten Fläche im Mondschein Verirrten, Verwirrten.

FA I.10, S. 478-483

Eckermann, Gespräche mit Goethe
1. Februar 1827

Wir sprachen von Professoren, die, nachdem das Bessere gefunden, immer noch die Newtonische Lehre vortragen. »Dies ist nicht zu verwundern, sagte Goethe; solche Leute gehen im Irrtum fort, weil sie ihm ihre Existenz verdanken. Sie müßten umlernen, und das wäre eine sehr unbequeme Sache.« Aber, sagte ich, wie können ihre Experimente die Wahrheit beweisen, da der Grund ihrer Lehre falsch ist? – »Sie beweisen auch die Wahrheit nicht, sagte Goethe, und das ist auch keineswegs ihre Absicht, sondern es liegt ihnen bloß daran, ihre

Meinung zu beweisen. Deshalb verbergen sie auch alle solche Experimente, wodurch die Wahrheit an den Tag kommen und die Unhaltbarkeit ihrer Lehre sich darlegen könnte.«

»Und dann, um von den Schülern zu reden, welchem von ihnen wäre es denn um die Wahrheit zu tun? Das sind auch Leute, wie andere und völlig zufrieden, wenn sie über die Sache empirisch mitschwatzen können. Das ist Alles. Die Menschen sind überhaupt eigener Natur: sobald ein See zugefroren ist, sind sie gleich zu hunderten darauf und amüsieren sich auf der glatten Oberfläche; aber wem fällt es ein zu untersuchen, wie tief er ist und welche Arten von Fischen unter dem Eise hin- und herschwimmen. Niebuhr hat jetzt einen Handelstraktat zwischen Rom und Carthago entdeckt aus einer sehr frühen Zeit, woraus es erwiesen ist, daß alle Geschichte des Livius vom frühen Zustande des Römischen Volks nichts als Fabeln sind, indem aus jenem Traktat ersichtlich, daß Rom schon sehr früh in einem weit höheren Zustande der Kultur sich befunden als aus dem Livius hervorgeht. Aber wenn Sie nun glauben, daß dieser entdeckte Traktat in der bisherigen Lehrart der römischen Geschichte eine große Reform hervorbringen werde, so sind Sie im Irrtum. Denken Sie nur immer an den gefrorenen See; so sind die Leute, ich habe sie kennen gelernt, so sind sie und nicht anders.«

FA II.12, S. 231

Goethe als Naturbeobachter

Weimar, 25. Dezember 1798
An Johann Georg Paul Götze

Du hast wohl gethan, mich von dem Zustand der Saale bey gegenwärtigem Frost zu unterrichten, ich wünschte nun aber daß du mir auch einige Vorschläge mittheiltest, wie allenfalls einem zu besorgenden Uebel zu begegnen wäre; ob wohl gegen eine so große Naturwirkung wenig zu thun ist und dabey so viel vom Zufall abhängt.

Vor allen Dingen müßte man den Eisrechen und den Damm besichtigen ob sie in solchem Stande sind, daß ein kommendes Eis die weder umwerfen noch umgehen kann ferner müßte dem Brückenmüller aufgegeben werden daß er in einem Falle wo der Eisgang zu besorgen ist, die Mühle gleich zusetze, wodurch der Zug nach der Stadt auf einmal gehemmt ist mehr oder weniger läßt sich ein solcher Eisgang zeitig genug voraussehen.

WA IV.51, S. 140

Aus der »Farbenlehre«, Didaktischer Teil

Wie nun diese Versuche sich am besten in der Kälte anstellen lassen, weil sich die Platte schneller und reiner anhauchen läßt und der Hauch schneller wieder abläuft; so kann man auch bei starkem Frost, in der Kutsche fahrend, das Phänomen im Großen gewahr werden, wenn die Kutschfenster sehr rein geputzt und sämtlich aufgezogen sind. Der Hauch der in der Kutsche sitzenden Personen schlägt auf das zarteste an die Scheiben und erregt sogleich das lebhafteste Farbenspiel. In wie fern eine regelmäßige Sukzession darin sei, habe ich nicht bemerken können. Besonders lebhaft aber erscheinen die Farben, wenn sie einen dunklen Gegenstand zum Hintergrunde haben. Dieser Farbenwechsel dauert aber nicht lange: denn sobald sich der Hauch in stärkere Tropfen sammelt oder zu Eisnadeln gefriert, so ist die Erscheinung alsbald aufgehoben.

FA I.23, S. 163f.

Weimar, 11. Februar 1817
Aufzeichnung

Am 8ten Februar 1817, Abends nach 7 Uhr, erblickte man in Weimar eine bisher seltene Erscheinung: ein Nordlicht, und zwar merkwürdig und von großer Ausdehnung. Man beobachtete daran folgendes: Es erstreckte sich vom Sommer-Sonnen-Untergang bis zum Sommer-Sonnen-Aufgang. Das Licht war weiß, eher bläulich; keine Spur von gelber oder gar rother Farbe. Vor demselben bewegte sich eine dunkle Wolkenversammlung fortwährend, so daß bald größere bald kleinere Räume des weißen lichten Grundes sich eröffneten oder zuschlossen. Diese Wolken erstreckten sich weder rechts noch links weiter als der hinter ihnen hervorbrechende Schein selbst, und ob sie gleich unterwärts in Massen zu schweben schienen, so konnte man ihnen doch keine große Dicke vermuthen, indem sie gegen die lichten Stellen zu fleckig, besonders aber gegen oben streifenartig, wie mit Besemen gekehrt, sich bewegten. Der weiße Schein war, sobald die Wolken sich trennten, vollkommen rein und gleich; gegen den Zenith endigte er mit Strahlen, bis dahin auch aufsteigende Wolkenstreifen ihn begleiteten. Die Sterne sah man deutlich durch den Schein, durch die Wolken aber nicht.

Die dichteste Wolkenversammlung war gegen Osten; nach Westen hin die leichteste, weswegen auch nur an dieser Seite große Lichträume gesehen wurden. Manchmal glaubte man Wolkensäume und -Seiten durch jenes Licht erhellt zu sehen, doch blieb dies bey immer fortdauernder Bewegung nicht zu bestimmen. Gegen 11 Uhr war die Erscheinung noch nicht verschwunden. Man wünscht die Beobachtungen und Ansichten dieses Phänomens aus anderen Himmelsgegenden zu erfahren.

WA II.13, S. 479f.

Februar 1818
Meteorologisches Tagebuch

8. Morgens Nebel. Ganz klarer Tag. Abends 5 Uhr. Streifenartige Wand im Abend.

9. Kein Nebel, wenig Dunst, Mittag ganz klarer Himmel. Niedrige Wand in Westen. Diese erhub sich, viele leichte Wolken zogen ostwärts in der ganzen Himmelsbreite, lösten sich aber auf, der Himmel blieb klar. Um 4 Uhr klarer Himmel, aber immer etwas Stratus in Westen. Sonnen Untergang 4¾. Um 5 Uhr alle Wolken verschwunden, ganz klarer Himmel.

10. Die ganze Atmosphäre übernebelt und leicht bewölkt. Gegen Mittag Versuch sich aufzuheitern, der nicht gelingt.

11. Mittwoch. Völlig wie gestern.

12. Donnerstag. Wie gestern. Zwischen 2 und 3 Uhr ging der

Himmel auseinander, klärte sich völlig auf. Unbedeutende Streifen in Westen. Um 5 Uhr Sonnenuntergang. Völlige Heiterkeit des Himmels. Stratus in Linien. Immer wieder die Wand in Westen über dem Mühlthale.

13. Freitag. Völlig heiter. Nach Sonnenuntergang in Westen in der Lücke des Mühlthals Höherauch.

14. Sonnabend. Ganz klarer Tag, kalt. Auch in der Westlücke Abends kein Duft, kein Gelb, kein Roth.

15. Sonntag. Gleichfalls klar. 16. Montag. Früh klar. Nachmittag in Westen Stratus, theilweise abgesetzt, sowohl der Länge als der Quere nach. Zuletzt wie gegliedert.

17. Klarer Tag. Die Atmosphäre mit klarem Dunst umhüllt. Früh weniger Cirrus im Zenith. Dunstige Atmosphäre bis zum Abend, am gelben und gelbrothen Schein bemerkbar. Rechts und links Spuren von dichterer Dunstbildung. Dampfhöhe über der Stadt, Dunst dem Lauf der Mühllache nach.

18. 28′ 0.5″ Abends. Völlig wolkenfreier Tag, doch dunstig.

19. 27′ 0,8 Morgens. Strato-Cirrus im Westen, ausgedehnt über die ganze Himmelshälfte von Süden nach Norden. Im Morgen dunstig.

WA II.13, S. 481f.

13. Januar 1828, Tagebucheintrag

Merkwürdige Witterung.

Die letzte Nacht hatte es sehr stark geregnet. Früh dichter Nebel, der sich aufwärts zog. Abends 6 Uhr erst im Nordwesten Wetterleuchten, von ferne vernehmbarer Donner, nachher auch in Nordost starkes und nahes Gewitter. Heftiger

Schlag bald nach dem Blitz. Regen. Barometerstand 27" 2½'",
Thermometer 5.

WA III.11, S. 164.

Weimar, 6. August 1829
Übersetzung einer Passage aus den Memoiren
des Grafen St.-Simon

1701 zu Lichtmeß erhub sich ein so fürchterlicher Sturmwind,
daß niemand einer ähnlichen Gewalt und Wuth sich erinnern
konnte; das Unheil, das er anrichtete, war gränzenlos durch's
ganze Königreich. Die Decke der Kirche St. Louis in der Insel
zu Paris brach zusammen; viele Personen, welche die Messe
hörten, blieben todt oder verwundet.

Von diesem Sturmwind datirt sich die Epoche, wo alle Jahreszeiten außer Ordnung traten und durch sie sämmtlich star-
ke Winde wehten. Kälte und Regen waren zu jeder Jahreszeit
gewöhnlicher als sonst und diese schlimme Witterung hat
sich bisher vermehrt, so daß wir seit langer Zeit gar kein Frühjahr haben, wenig Herbst und hie und da einige Sommertage.
Damit mögen sich nun die Astronomen beschäftigen.

WA II.13, S. 518

Aus »Wilhelm Meisters Wanderjahre«
Zweites Buch, 5. Kapitel,
»Der Mann von fünfzig Jahren«

»Der späte Mond der zur Nacht noch anständig leuchtet verblaßt vor der aufgehenden Sonne; der Liebeswahn des Alters verschwindet in Gegenwart leidenschaftlicher Jugend; die Fichte die im Winter frisch und kräftig erscheint sieht im Frühling verbräunt und mißfärbig aus, neben hellaufgrünender Birke.«

FA I.10, S. 487

Weimar, 7. Januar 1831
Aus dem Tagebuch

Merkwürdiges Nordlicht bei sehr hohem Barometerstande 28" 3'".

Nach acht Uhr zeigten sich die ersten Spuren des Nordlichtes, indem der Himmel im Norden sich rotgelb färbte. Nach und nach wurden die Nebelwolken rot, es bildete sich ein Bogen in weiter Ausdehnung von Nordosten bis Nordwesten; das Halbrund im Bogen war unten graugelb gefärbt, höher zeigte sich dasselbe immer gelber, bis an die Peripherie des Bogens beinahe ganz gelb. So wie das Nordlicht das höchste Licht erreicht haben mochte, bemerkte man die schönsten und deutlichsten Strahlen in den nunmehr dunkel-karminrot gefärbten Nebelwolken, das Licht im Bogen wurde sehr helle, und man konnte am Ettersberge alles sehr deutlich unterscheiden. Im Süden, gleich hinter dem abgeschlossenen Bogen der Nebelwolken, war der Himmel dunkel-blaugrau gefärbt, die Sterne funkelten sehr hell und leuchtend. Gegen das Ende der Erscheinung verlor sich das schöne Rot der Wolken, das Gelb trat wieder ein, der Bogen verlor sich nach und nach gänzlich, und der ganze Himmel war rein. Doch blieb da, wo das Nordlicht erschienen, eine lange Zeit nachher der Himmel noch gelb und zwar in horizontalen Strahlen. Die Zeit der ganzen Erscheinung dauerte ungefähr eine gute Stunde.

FA II.11, S. 357

Eckermann, Gespräche mit Goethe
20. Februar 1831

Mit Goethe zu Tisch. Er eröffnet mir, daß er meine Beobachtung über die blauen Schatten im Schnee, daß sie nämlich aus dem Widerschein des blauen Himmels entstehen, geprüft habe und für richtig anerkenne. »Es kann jedoch Beides zugleich wirken, sagte er, und die durch das gelbliche Licht erregte Forderung kann die blaue Erscheinung verstärken.« Ich gebe dieses vollkommen zu, und freue mich daß Goethe mir endlich beistimmet.

Es ärgert mich nur, sagte ich, daß ich meine Farbenbeobachtungen am Monterosa und Montblanc nicht an Ort und Stelle im Detail niedergeschrieben habe. Das Hauptresultat jedoch war, daß in einer Entfernung von achtzehn bis zwanzig Stunden, Mittags bei der hellesten Sonne, der Schnee gelb, ja rötlich gelb erschien, während die schneefreien dunkelen Teile des Gebirgs im entschiedensten Blau herübersahen. Das

Phänomen überraschte mich nicht, indem ich mir hätte vorhersagen können, daß die gehörige Masse von zwischenliegender Trübe dem, die Mittagssonne reflektierenden, weißen Schnee einen tiefgelben Ton geben würde; aber das Phänomen freute mich besonders aus dem Grunde, weil es die irrige Ansicht einiger Naturforscher, daß die Luft eine blaufärbende Eigenschaft besitze, so ganz entschieden widerlegt. Denn wäre die Luft in sich bläulich, so hätte eine Masse von zwanzig Stunden, wie sie zwischen mir und dem Monterosa lag, den Schnee müssen hellblau oder weißbläulich durchscheinen lassen, aber nicht gelb und gelbrötlich.

»Die Beobachtung, sagte Goethe, ist von Bedeutung und widerlegt jenen Irrtum durchaus.«

Im Grunde, sagte ich, ist die Lehre vom Trüben sehr einfach, so daß man gar zu leicht zu dem Glauben verführt wird, man könne sie einem Andern in wenig Tagen und Stunden überliefern. Das Schwierige aber ist, nun mit dem Gesetz zu operieren und ein Urphänomen in tausendfältig bedingten und verhüllten Erscheinungen immer wieder zu erkennen.

»Ich möchte es dem Whist vergleichen, sagte Goethe, dessen Gesetze und Regeln auch gar leicht zu überliefern sind, das man aber sehr lange gespielt haben muß, um darin ein Meister zu sein. Überhaupt lernet niemand etwas durch bloßes Anhören, und wer sich in gewissen Dingen nicht selbst tätig bemühet, weiß die Sachen nur oberflächlich und halb.«

FA II.12, S. 443f.

In Erwartung des Frühjahrs

Liebebedürfnis

Wer vernimmt mich? ach! wem soll ich's klagen?
Wer's vernähme, würd' er mich bedauern?
Ach! die Lippe, die so manche Freude
Sonst genossen hat und sonst gegeben,
Ist gespalten und sie schmerzt erbärmlich.
Und sie ist nicht etwa wund geworden,
Weil die Liebste mich zu wild ergriffen,
Hold mich angebissen, daß sie fester
Sich des Freunds versichernd ihn genösse:
Nein, das zarte Lippchen ist gesprungen,
Weil nun über Reif und Frost die Winde
Spitz und scharf und lieblos mir begegnen.

Und nun soll mir Saft der edlen Traube,
Mit dem Saft der Bienen, bei dem Feuer
Meines Herds vereinigt, Lind'rung schaffen
Ach, was will das helfen, mischt die Liebe
Nicht ein Tröpfchen ihres Balsams drunter?

FA I.2, S. 309 f.

Aus »Die Wahlverwandtschaften«
Zweiter Teil, 9. Kapitel. Aus Ottiliens Tagebuche

»Man läßt sich den Winter auch gefallen. Man glaubt sich frei-
er auszubreiten, wenn die Bäume so geisterhaft, so durchsich-
tig vor uns stehen. Sie sind nichts, aber sie decken auch nichts
zu. Wie aber einmal Knospen und Blüten kommen, dann wird

man ungeduldig bis das volle Laub hervortritt, bis die Landschaft sich verkörpert und der Baum sich als eine Gestalt uns entgegen drängt.«

FA I.8, S. 463

Weimar, 22. Dezember 1820
An Johann Jacob Willemer

Hofrat Meyer hat von einem beinahe zweimonatlichen Aufenthalte in Berlin treffliche Kunstnachrichten mitgebracht, die, bei seinem sichern Urteil, große Ausbeute geben; daran zehren wir denn die langen Winterabende, die sich denn von heute an wieder freundlich verlängern werden. Möchte ich den längsten Tag und folgende mit meinen Freunden am schönen Flusse wieder feiern können!

FA II.9, S. 131

März

Es ist ein Schnee gefallen,
Denn es ist noch nicht Zeit
Daß von den Blümlein allen,
Daß von den Blümlein allen
Wir werden hoch erfreut.

Der Sonnenblick betrüget
Mit mildem falschem Schein,
Die Schwalbe selber lüget,
Die Schwalbe selber lüget,
Warum? Sie kommt allein!

Sollt' ich mich einzeln freuen,
Wenn auch der Frühling nah?
Doch kommen wir zu zweien
Doch kommen wir zu zweien,
Gleich ist der Sommer da.

FA I.2, S. 465f.

Aus »Wilhelm Meisters Wanderjahre« Erstes Buch, 12. Kapitel

Manchmal sieht unser Schicksal aus wie ein Fruchtbaum im
Winter. Wer sollte bei dem traurigen Ansehn desselben wohl
denken, daß diese starren Äste, diese zackigen Zweige im
nächsten Frühjahr wieder grünen, blühen, sodann Früchte
tragen könnten; doch wir hoffen's, wir wissen's.

FA I.10, S. 413

Aus »Wilhelm Meisters Wanderjahre«, Zweites Buch (Der Mann von fünfzig Jahren)

»Der späte Mond der zur Nacht noch anständig leuchtet verblaßt vor der aufgehenden Sonne; der Liebeswahn des Alters verschwindet in Gegenwart leidenschaftlicher Jugend; die Fichte die im Winter frisch und kräftig erscheint sieht im Frühling verbräunt und mißfärbig aus, neben hellaufgrünender Birke.«

FA I.10, S. 487

Kommt Zeit, kommt Rat

Wer will denn alles gleich ergründen?
Sobald der Schnee schmilzt, wird sich's finden.

Hier hilft nun weiter kein Bemühn!
Sind's Rosen, nun sie werden blühn.

FA I.2, S. 426

Ein großer Teich war zugefroren,
Die Fröschlein, in der Tiefe verloren,
Durften nicht ferner quacken noch springen,
Versprachen sich aber, im halben Traum,
Fänden sie nur da oben Raum,
Wie Nachtigallen wollten sie singen.
Der Tauwind kam, das Eis zerschmolz,
Nun ruderten sie und landeten stolz,

Und saßen am Ufer weit und breit
Und quackten wie vor alter Zeit.

FA I.2, S. 546

Karl Vogel, Goethes Arzt:

Licht und Wärme waren für ihn die unentbehrlichsten Lebensreize; bei hohem Barometerstande befand er sich am wohlsten. Den Winter detestierte er und behauptete oft scherzend, man würde sich im Spätsommer aufhängen, wenn man sich da von der Abscheulichkeit des Winters eine rechte Vorstellung zu machen imstande wäre.

AA 23, S. 832

Wenn Phöbus Rosse sich zu schnell
In Dunst und Nebel stürzen,
Geselligkeit wird, blendend hell,
Die längste Nacht verkürzen.
Und wenn sich wieder auf zum Licht
Die Horen eilig drängen,
So wird ein liebend Frohgesicht
Den längsten Tag verlängen.

FA I.2, S. 702

Weimar, 4. Februar 1832
An Frédéric Jacques Soret

Überhaupt bin ich der Jahreszeit und ihren krankhaften Folgen von Herzen Feind, da sie jedes Versammeln der Freunde von Tag zu Tag verhindert. Es gehen bey mir so viele hübsche Sachen vorüber die ich vergnüglich mittheilen könnte, wenn nicht die Stockungen aller Art Halt machten, da wo man fortzuschreiten wünschte. Möge doch bey wiederkehrender Sonne auch jener gesellige Kreislauf zurückkehren.

WA IV.49, S. 224f.

Nachwort

Das Licht und die Farben haben für den Augenmenschen Goethe eine entscheidende Rolle gespielt. Auch wenn er Zeit Lebens eine große Affinität zum Mond unterhalten hat (besonders der Vollmond hat seine Phantasie immer wieder beschäftigt) – so bleibt doch die Orientierung an der Sonne, am Licht und an den Phasen des Tages entscheidend. Dementsprechend hat die Aufmerksamkeit auf die Länge oder Kürze der Tage zentrale Bedeutung. Es spricht vieles dafür, dass er die Jahreszeit des abnehmenden Lichtes in eher deprimierter Stimmung verbracht hat, um dann bereits die Wintersonnenwende, den kürzesten Tag, als die Wiedergeburt der Sonne zu begrüßen und zu feiern.

Aber es wäre voreilig, den Winter nur als die unfreundliche oder ungute Jahreszeit Goethes wahrnehmen zu wollen. Der Briefschreiber und Gesprächspartner, der Naturforscher und der Reisende – in zahllosen Perspektiven hat Goethe auch diesen Teil des Jahres beschrieben, erforscht und poetisiert. In seiner Jugend – und bis in die frühe Weimarer Zeit hinein – bot das Eislaufen eine in vielen Zeugnissen geschilderte Gelegenheit, sich der eigenen Wendigkeit zu erfreuen. Was schon Klopstock durch literarische Schilderungen aufgewertet hatte, fand in Goethes autobiographischem Rückblick in *Dichtung und Wahrheit* sehr lebendige Gestalt. In den späteren Jahren gewann Goethe dann der Geselligkeit und dem Gespräch an langen Winterabenden ihre reichen Möglichkeiten ab, wenngleich ihm über all die Jahre viele Wochen der Krankheit nicht erspart bleiben sollten. Doch waren es immer wieder besondere Naturereignisse, die auch und gerade in der kalten Jahreszeit Anlass zur Beobachtung und zum Staunen boten –

die Ballade *Johanna Sebus* etwa widmete er dem Andenken jener uneigennützig helfenden Frau, die beim Eisgang des Rheins am 13. Januar 1809 den Tod fand. Wenige Wochen später beschäftigte ihn der schwere Sturm, der einen alten und großen Wacholderbaum in seinem Garten umgeworfen hat. Das Nordlicht und andere meteorologische Erscheinungen hat er sehr genau festgehalten und auf diese Weise den Winter in seinen Möglichkeiten durchaus gewürdigt. »Ich sing' in der Weite, / Auf Eises Läng' und Breite, / Da blüht der Winter schön!« heißt es im Gedicht *Der Musensohn*.

Von entscheidendem Gewicht für Goethes persönliche Orientierung war die im Dezember 1777 unternommene Harzreise, der nach den ersten beiden Jahren in Weimar eine orakelhafte Bedeutung für sein weiteres Schicksal zukam. Die seinerzeit für so gut wie unmöglich gehaltene Besteigung des Brocken kommentierte er am 10. Dezember mit dem Psalmzitat »Was ist der Mensch dass du sein gedenckst«, mit dem er schon im Jahr davor (am 7. November 1776) seiner Ankunft – und seiner Zukunft – in Weimar ein Denkmal der Selbstbefragung gesetzt hatte. Das Gedicht *Harzreise im Winter,* das Goethe Jahrzehnte später noch eigens kommentiert hat, übernimmt daher in seiner Lyrik eine ganz besondere Funktion.

In einem Brief vom Januar 1823 heißt es einmal: »Irrthümer haben so gut wie Wahrheiten ihre Jahres- und Tageszeiten, ihres Gehens und Kommens«.[1] Und auf ein ganzes Leben bezogen sagt Goethe im Gedenken an Christoph Martin Wieland: »Begleiten wir unsern Freund auf dem Stufengange seiner Tage, sehen wir ihn als Knaben, Jüngling, Mann und Greis,

---

1 WA IV.36, S. 273.

so finden wir, daß ihm das ungemeine Glück zu Teil ward, die Blüthe einer jeden dieser Jahreszeiten zu pflücken; denn auch das hohe Alter hat seine Blüthe« – womit Goethes Blick auf den Winter des Lebens einen bewegenden Ausblick findet.

Mathias Mayer

Siglenverzeichnis

AA Artemis-Gedenkausgabe der Werke, Briefe u. Gespräche, hg. v. Ernst Beutler. 24 Bände. Zürich 1949ff.

FA Frankfurter Ausgabe. J.W. Goethe, Sämtliche Werke, Briefe, Tagebücher und Gespräche. 40 Bde., hg. von F. Apel u. a., Frankfurt am Main 1985-2013.

GG Goethes Gespräche. Eine Sammlung zeitgenössischer Berichte aus seinem Umgang. Auf Grund der Ausgabe des Nachlasses von Flodoard Freiherrn von Biedermann ergänzt und hg. von Wolfgang Herwig, München 1998.

WA Weimarer Ausgabe. Goethes Werke, 143 Bde., hg. im Auftrag der Großherzogin Sophie von Sachsen, Weimar 1887-1919.

Inhalt

Hesse für jede Jahreszeit

Kurt Tucholsky hat über Hermann Hesses Naturdarstellungen geschrieben: »Er kann, was nur wenige können. Er kann einen Sommerabend und ein erfrischendes Schwimmbad ... nicht nur schildern – das wäre nicht schwer. Aber er kann machen, dass es uns heiß und kühl und müde ums Herz wird.« Hermann Hesses Beziehung zur Natur und dem Lauf der Jahreszeiten ist von jeher ein inniges. In vielen Gedichten und Betrachtungen, aber auch in seinen Romanen hat er sie beschrieben und ihren Zauber zu fassen versucht. Ulrike Anders hat Hesses schönste Gedanken zu jeder Jahreszeit ausgewählt.

Hermann Hesse, Frühling. Ausgewählt von Ulrike Anders. insel taschenbuch 4117. 119 Seiten
Hermann Hesse, Sommer. Ausgewählt von Ulrike Anders. insel taschenbuch 4138. 119 Seiten
Hermann Hesse, Herbst. Ausgewählt von Ulrike Anders. insel taschenbuch 4174. 119 Seiten
Hermann Hesse, Winter. Ausgewählt von Ulrike Anders. insel taschenbuch 4193. 119 Seiten

Mit Rilke durch alle Jahreszeiten

Rainer Maria Rilke
FRÜHLING

Rainer Maria Rilke war ein genauer Beobachter der ihn um-
gebenden Natur, und so entstand eine Fülle von Gedichten
vom Werden des Frühlings und dem Reichtum des Sommers,
vom Vollenden des Herbstes und der Stille des Winters.
Auch in vielen Prosatexten geht er dem Gleichnishaften von
Jahres- und Lebenszeit nach, jahreszeitliche Stimmungen finden Eingang in seine Briefe. Thilo von Pape hat sich in Ril-
kes Werk umgesehen und reiche Ernte eingefahren, die, nach
Jahreszeiten geordnet, nun in vier Büchern präsentiert wird.

Rainer Maria Rilke, Frühling. Ausgewählt von Thilo von
Pape. insel taschenbuch 4118. 118 Seiten
Rainer Maria Rilke, Sommer. Ausgewählt von Thilo von
Pape. insel taschenbuch 4139. 114 Seiten
Rainer Maria Rilke, Herbst. Ausgewählt von Thilo von
Pape. insel taschenbuch 4173. 128 Seiten
Rainer Maria Rilke, Winter. Ausgewählt von Thilo von
Pape. insel taschenbuch 4192. 123 Seiten